대한민국 최초의 여성 헌법학자

윤후정

대한민국 최초의 여성 헌법학자

윤후정

여성신문 엮음

이화여자대학교출판부

책을 펴내며

우리 시대 멘토를 만나는 즐거운 여정

"개인적인 것이 곧 정치적인 것이다."

윤후정 이화여대 명예총장의 삶만큼 이를 여실히 입증하고 있는 경우도 흔치 않다. 평소 한국의 여성운동과 여성학의 대모로서 그를 존경해 왔지만, 지난해 『여성신문』의 '이야기 여성사'에 '대한민국 최초의 여성 헌법학자'란 타이틀로 연재됐던 그의 삶을 다시 읽으며 앞의 명제가 한층 더 가깝게 다가왔다. 이런 그의 삶이 『여성신문』의 기획과 이은경 20주년기념사업본부장의 취재를 바탕으로 하여 이화여자대학교 출판부에서 한 권의 책으로 엮여 나오게 돼 가슴이 벅차다.

독자는 이 책에서 한국이 근대 문명의 세례를 받기 시작한

20세기 초에 태어난 한 여성의 70평생. 그 속에서 삶의 매 순간마다 자신의 이해를 넘어서서 늘 조국의 미래와 선각자의 사명을 생각하며 결단을 내려가는 주체적인 여성의 삶을 만날 수 있다. 후배 여성들은 이 책을 통해 '여성'의 틀을 넘어서서 큰 세계를 가슴에 품고 큰 생각을 키워 가는 통 큰 여성 리더십의 진수를 만나게 될 것이다. 그래서 이 책은 여성의 역사를 '만들어 가는' 살아 있는 여성 위인전으로 읽힐 것이다.

윤명예총장은 대한민국 첫 여성 헌법학자로 헌법에 양성평등 조항을 삽입하고, 이미 30여 년 전에 호주제의 위헌성을 비롯해 우리 법의 성차별적 요소를 날카롭게 지적해 낸 분이다. 무엇보다 '법여성학' 분야를 개척함으로써 대한민국의 법률 체계에 새로운 패러다임을 제시했다. 1970년대에 이미 여성 정책 총괄 · 집행 전문부서의 필요성을 역설했던 그는, 1998년 대통령직속 여성특별위원회 초대위원장을 맡아 성주류화 정책의 초석을 다졌다.

UN이 '세계 여성의 해'로 선포한 1975년 벽두, 그에 의해 한국에서 최초로 '여성 인간화 선언'이 공표됐다. 이를 기점으로 여성운동은 탄탄한 이론적 뒷받침을 받으며 크게 성장하기 시작했다. 이어서 1977년 교양과목으로 이화여대에 여성학이 개설됐다. 1984년엔 한국여성학회를 창립함으로써 한국이 여성학의 메카로 발돋움하는 기반을 마련했다.

이 과정에서 그가 미래의 여성 비전으로 제시한 '통합 여성integrated woman'은 20여 년이 지난 지금에도 결코 시대정신에 뒤떨어지지 않는, 오히려 시대를 주도하는 역할 모델을 보여준다. 그의 통합 여성 사상은 "여성이 개인으로 인간답게 사는 길과 공동체 구성원으로 정의와 평화 사회를 구현하고 사는 길, 양쪽이 다 실현돼야 한다"는 전제 아래 여성과 남성이 동반자적 협동 보완 관계를 지속하며 서로 인격적 성장을 지원하는 필연적 존재임을 확인시켜 주기 때문이다.

교육자로서 그의 업적은 여자대학으로서는 세계 최초로 공대를 설립하고, 법대에 대한 소신있는 투자로 사시 합격률을 획기적으로 높인 것 등 언뜻 보면 모교인 이화여대의 번영과 발전에 기여한 면모가 크다. 그러나, 이 모든 노력은 '이화'의 발전을 곧 '한국 여성 교육'의 발전으로, 나라 사랑으로 여겼기 때문에 비로소 가능한 일이었다고 생각한다.

이처럼 헌법, 여성학과 여성운동, 교육 등 다방면에 걸쳐 여성들에게 직 · 간접적인 영향을 끼친 그의 삶은 우리 후배들에게 여성의 삶과 의식, 그리고 사회 활동이 각각 분리돼 있는 것이 아니라 하나의 큰 원으로 연결돼 서로 유기적인 관계 속에서 결합함으로써 행복한 결실을 일궈낸다는 것을 체득케 한다.

이 책이 "20세기 여성계의 가장 이상적 인물"(엔사이클로피디어 브리태니카, 1999년)로 평가받는 윤명예총장의 삶을 이화를 넘어, 여성계를 넘어 한국의 모든 여성들과 공감하는 계기가 되기를 바란다. 그리고 책 출간을 위해 자료를 제공하고 시간을 할애하며 지원해 주신 이배용 총장님을 비롯한 이화여대 관계자분들께 진심으로 감사드린다.

2008년 4월

『여성신문』 발행인 김 효 선

차례

I부

남성의 법에 '여성 옷' 입히다

법에 '여성'의 옷을 입힌 결정판인 『법여성학』에서 그는 여성과 관련된 법적·제도적 문제들을 고찰하고, 그 문제들을 어떻게 해결하고 발전시켜 나갈 것인지에 대한 이론을 정립하고자 시도했다. 특히 미국에서 여성 문제와 관련해 전개되는 평등권 이론을 소개한 것은 주목할 만한 작업이었다.

힘이 없으면 권리도 빼앗긴다

윤후정 이화여대 명예총장 및 이화학당 이사장. 그는 우리나라 첫 여성 헌법학자로서 이화여대 첫 직선 총장(1990)이며 초대 한국여성학 회장과 대통령직속 초대 여성특별위원회 위원장(장관급)으로 기록된다. 그뿐인가. 1975년 학과장 시절 법학과가 창설된 지 25년 만에 첫 사시 합격생을 배출했고, 이후 그 합격생은 대한민국 첫 여성 헌법재판관(전

봄빛이 완연한 이화학당 뜰에서의 윤후정 명예총장
여성의 사적 생활 평등권을 헌법에 보장하는 데 결정적 역할을 했던 그는 20여 년 후 대통령직속 초대 여성특별위원장으로 남녀차별금지법 제정을 통해 여성의 공적 생활에서의 평등권을 확보해 냄으로써 한국의 법 질서와 법 문화의 흐름을 바꿔 놓았다. 『여성신문』 창간 20주년 기념 '다시 시작하는 이야기 여성사' 첫 순서로 인터뷰하던 모습.

효숙)이라는 새 역사를 만들어냈다. 지난해까지 369명의 사시 합격생을 배출한 토대와 원동력을 만들어낸 주역이기도 하다.

그러나 '이화'라는 울타리를 훌쩍 뛰어넘는 그의 족적은 따로 있다. 바로 법대 교수 시절이던 1980년 제8차 개헌 때 가족 · 혼인 생활에서의 평등 조항을 삽입하고, 대통령직속 여성특별위원회 초대 위원장이던 1999년 '남녀차별금지 및 구제에 관한 법률' 제정을 주도해 국회에서 마침내 통과시킨 것이다. 특히 현행 헌법 제36조 제1항 "혼인과 가족생활은 개인의 존엄과 양성의 평등을 기초로 성립되고 유지되어야 하며, 국가는 이를 보장한다"는 조항의 초안을 작성한 것은 후에 2005년 2월 3일 헌법재판소의 호주제에 대한 '헌법 불합치' 판정으로 이어졌고, 결국 호주제 폐지를 골자로 하는 민법 개정안의 헌법적 근거가 됐다. 그 역사적 의미는 한 시대의 흐름과 사회에 일대 변혁을 가한 '혁명'에 비견할 만하다.

"사람의 생활은 가족생활과 공공 생활에 따르는 양면성을 지니고 있다. 자녀 · 부부 · 호주제 등 가족관계와 재산상속관계 등 사생활을 규정한 것이 가족법인데, 기존 가족법은 여성을 은연중 불평등한 존재로 취급하면서 여성에게 불평등했다. 그러나 개헌 때 혼인과 가족생활에 있어서의 양성 평등 조항을 집어넣음으로써 사적 생활의 근간이 되는 질서를 바꾸게 된 것이다.

이후 1999년 남녀차별금지 및 구제에 관한 법률을 제정함으로써 사회생활, 공공 생활에서의 양성 평등을 확보했다. 이 두 축을 중심으로 사적 생활과 공공 생활 양쪽에서 여성을 차별하지 못하도록 만들어 놓은 것이 가장 큰 보람이다."

'커서 여성을 위해 일하고, 나라를 위해 일하겠다'던 당찬 소녀의 꿈은 이렇게 이루어졌다. 이 새로운 법질서는 그 자신의 설명대로 '헌법학을 했기에' 가능했다. 기존 가족법의 모순을 이론적으로 차근차근 따져볼 수 있는 논리의 틀을 이미 가지고 있었던 것이다. 좀더 근본적으로는 누가 굳이 가르쳐 주지 않았는데도 스스로 깨우쳐 간 여성 의식이 전문 지식과 결합해 만들어낸 행복한 결과물이기도 하다.

윤후정 명예총장은 서울 출신의 모친(조사라)과 인천 출신의 부친(윤억준)이 함경남도로 이주한 안변군 근처의 농촌 마을 신고산에서 1932년 5월 7일에 6남매 중 다섯째로 태어났다. 그가 기억하고 있는 집안 분위기는 상당히 따사롭고 화목하여서 특히 남자 여자를 따지는 차별이란 걸 모르고 자랐다. 궁핍한 시절, 참외 같은 과일이나 생선 등 귀한 먹거리를 사오더라도 어머니는 아들 딸 구별하지 않고 똑같이 나누어 먹이셨다. "어머님은 인자하시고 헌신적이며 말이 없으셨고, 힘들고 분주한 중에도 교회 일엔 빠지는 법이 없을 정도로 신앙심이 깊으셨다. 아버님은 부지런하고 성실하며 정직한 농부셨다"고 회상하는 순간엔 이 대학자의 눈에도 천진난만한 온기가 어리곤 한다.

그의 여성 의식의 씨앗은 어머니를 비롯한 주변 여성들의 고단한 삶과 함께 일제 식민지 시대에 겪은 결핍감에서 싹튼다. 아버지와 어머니는 새벽 5시에 일어나 저녁 7시까지 함께 농사일을 했지만 집으로 돌아오면 두 사람의 모습은 딴판이

부모님(위, 1974) | 부모님과 형제자매 가족들과 함께. 가운데 검정 외투 차림이 윤후정 명예총장(아래, 1962)

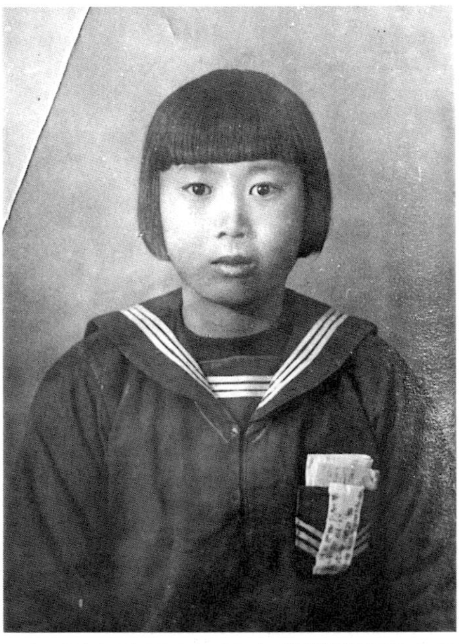

함경남도 안변군 신고산 서공립국민학교 4학년 재학 당시(1943)

었다. 어머니는 밭에서 돌아오자마자 저녁밥 지으랴 빨래와 다림질하랴, 또 다음날 식사 준비하랴 정신없이 일하다가 밤 11시가 넘어서야 "아이구 다리야, 아이구 허리야" 하면서 잠자리에 들었다. 반면, 아버지는 저녁 식사를 마친 후엔 마실을 가 동네 사람들과 얘기를 나누다가 잠잘 때가 되어서야 돌아오셨다. 가만히 보니 이웃 여성들의 삶도 어머니의 삶과 대동소이했다. 그는 어린 마음에도 왜 여성은 이렇게 사는 것일까 싶어 "어머니, 왜 여자들은 모두 이렇게 살아요?"라고 물었고, 그 때마다 어머니로부터 "여자는 그러기 마련이다"라는 답변을 들었다. 그래서 그는 일찌감치 "그렇게 살 거면 혼인하고 싶지 않아요"라고 선언을 해버렸다. 더구나 족보에 딸의 이름이 없다는 걸 발견하고는 큰 충격을 받았다.

초등학교 시절 일본어가 아닌 우리말을 쓰는 학생들이 야단을 맞고, 또 태극기를 밖에 걸지도 집에 두지도 못하는 상황에 대해 물을라치면 아버지는 "나라를 빼앗겨서"라고 대답을 하였다. 그게 하도 속상해 "왜 빼앗겨요?" 하고 되물으면 "우리가 약하고 힘이 없어서"라는 대답이 돌아오곤 했다.

어린 그에게 "약하고 힘 없으면 권리를 빼앗긴다"는 생각이 자연스레 자리잡았다. 아버지의 말을 곱씹어 볼수록 그는 여성의 삶의 아픔과 서러움이 나라를 빼앗긴 백성의 아픔이나 서러움의 색깔과 크게 다르지 않음을, 그렇게 산다는 것이 무슨 의미인지를 깨달아 갔다. 그러면서 '힘 있는 나라' '뭔가를 빼앗기지 않는 나라'를 만들기 위해 정치가가 되려는 꿈을 품게 되었다.

나라를 위해,
그리고 여성을 위해 일하고 싶다

'크리스찬 아카데미' 설립자인 고 강원용 목사와의 만남은 윤후정 명예총장의 삶의 물줄기를 바꿔 놓는 데 결정적인 역할을 했다. 이화여고 시절 학교 강연에서 처음 만난 이후 한국전쟁때 부산으로 피난 가서 경동교회를 연 강목사에게 그는 진학 상담을 하였다.

"후에 여성 문제 해결을 위해, 또 나라를 위해 일하고 싶은데 전공을 뭘 택했으면 좋겠습니까?"라며 정치학과 철학을 전공하고 싶다는 속내를 비친 그에게 강목사는 단호하게 말했다. "여성들에겐 아직은 금단의 열매처럼 접근하기 힘들지만 자네가 그런 생각을 가지고 있다면 오히려 법학을 전공하는 것이 나을걸세"라고. 거기에다가 초등학교 시절 도지사상을 받는 등 고등학교 때까지 성적이 뛰어났던 그에게 서울대 법대가 아닌, 생긴 지 1년밖에 안 된 이화여대 법대를 가도록 강력히 권했다. 지금 와서 보면 강목사의 탁월한 혜안에서 나온 권유라는 생각이 들지만 당시로선 무척 난감한 자문이 아닐 수 없었다. 그는 고심에 고심을 거듭하다 마감 시간 5분을 남겨 둔 오후 4시 55분에 이화여대 법학과에 원서를 냈다. 문제의 원인을 밝혀냄으로써 그 문제를 해결하는 것은 철학, 이것을 실행하는 것은 정치학이라는 그의 말에 "문제 해결력은 실질적으론 법학이 더 강하다"라고 하는 강목사의 논리에 설득당한 것이다.

대학 시절, 그의 표정은 늘 심각하고 진지했다. 생활 문제를 해결하랴 학업을 하랴, 학우들과 살갑게 사귈 심적, 물리적 여유가 없었던 데다가 사법고시에 대한 미련이 늘 마음 한구석에 자리잡고 있었기 때문이었다. 그는 모의재판 시나리오를 써서 학우들을 진두지휘하면서 자신은 변호사 역을 맡기도 하였고, 법대 4학년일 때 이미 『이화』지에 여성의 법적 지위에 관한 소논문을 기고했다. 당시 국회에서 논의중이

대학 시절의 모의재판(위, 1954) | 학창 시절(아래, 오른쪽에서 첫번째, 1954)

대학 졸업식에서 졸업생 대표 답사(위, 1955) | 조교 시절 법정대학 지도교수들과 함께 (아래, 뒷줄 왼쪽에서 첫 번째, 1955)

던 친족상속법 초안에 일제의 잔재가 많이 남아 있다고 생각했기 때문이다.

학창 시절, 그가 과연 사시를 통한 법조인의 길을 완전히 포기할 수 있었을까.

"사실 고시 공부를 끔찍이 하고 싶었다. 대학을 졸업하자마자 대학원에 들어가니 선생님이 연구조교를 시켜 주셨는데, 당시엔 이 연구조교가 사무조교 일도 겸했다. 업무가 많아 밤 10시 전에 집에 들어간 적이 거의 없을 정도였다. 그래서 근무시간 중인 낮에 도서관 이 편에서, 다음엔 도서관 저 편에서, 이렇게 숨어서 고시 공부를 하였다. 이 모습을 각 과를 돌아다니던 교무처 차장에게 들켰고, 당시 김옥길 학무과장에게 이 사실이 보고돼 불려갔다. 그때 난 사시에 합격해 판사를 경험한 후에 잠깐 변호사 활동을 하다 나라를 위해 정계에 나가겠다고 선생님께 말씀드렸다. 선생님은 대학원 생활에 우선 충실해야 한다고 이렇게저렇게 나를 달래셨고 난 그러겠다고 대답했지만, 고시 공부를 완전히 단념할 순 없었다. 생애 처음으로 선생님께 거짓말을 한 셈이다."

이후 도서관에서 고시 공부를 하는 것을 또 들키자 김옥길 선생은 그를 헬렌관 앞 숲속으로 불러내 면담을 했다. 격론 끝에 김옥길 선생은 "넌 학교에 남아야 해"라고 결론지었고, 그는 결국 법조인의 길을 포기했다. 그는 "50, 60년대는 여성 한두 명이 정계에 들어간다고 해서 무슨 영향을 줄 수 있는 그런 때는 아니었다. 오히려 만신창이가 됐을 수도 있었다"며 "결국 시간은 오래 걸렸지만 후학들을 잘 길러 우수한 여성 인력을 만들고, 이를 통해 우리나라를 발전시키는 데 도움이 되었기에 보람이 있었다"고 회고한다.

그는 도미해 1962년 루이스빌대학에서 정치학 석사과정을 수학한 후 예일대 법대에서 법학석사 과정을 거쳐 1972년 노스웨스턴대학 법대에서 법학박사 학위를 취득했다. 노스웨스턴대학교 3년 반 동안 한번 집중하면 8시간이고 10시간이고 움직이지 않고 공부에 빠져들었다. "아침에 빵 한 조각 먹고 시작하면 금방 또 아침이 되었을 정도"였다. 논문을 쓸 때

이태영 선생님의 격려를 받으며 도미 유학길에 오르다(위, 1962) | 미국 하버드 Law School에서(아래, 1978)

는 어찌나 집중했던지 블루진 엉덩이 부분이 닳아서 떨어지다 못해 앉았던 흰색 소파에 파란 물이 밸 정도였다.

그는 노스웨스턴대학 법대에서 석사학위 논문을 완료해 심사를 받는 과정 중에 뜻밖의 말을 듣게 된다. 지도교수인 앤서니 다마토 교수가 그의 논문이 매우 탁월해 우수논문상에 추천하려고 하던 차에 논문 심사에 참여했던 네이선슨이라는 미국 행정법 · 헌법의 최고 권위자 중 한 사람도 논문이 아주 우수하니 조금만 보충하면 박사학위 논문으로 받아 주겠다는 제안을 한 것이다. 당시 미국의 법대에서 같은 학교에서 석 · 박사 학위를 모두 이수케 하는 일은 아주 드물었고, 더구나 로스쿨을 졸업하지 않은 사람은 받아 주는 일조차 거의 없었기 때문에 이 제안은 그에게 굉장한 행운이었다.

이처럼 성공적으로 유학 생활을 마치고 돌아오니, 당시 남녀 불문하고 법학박사 학위자가 아주 드문 때였기 때문에 정치권의 유혹이 쏟아졌다. 그러나 대학원 시절 헬렌관 앞 숲속에서 김옥길 선생님이 한 단호한 충고 덕에 그는 학교에서 후학을 기르자는 생각을 굳혔고 흔들리지 않았다.

'합리적' 차별도 차별이다

"'모든 국민은 법 앞에 평등하다'고 했으면 됐지 여성의 인권을 어떻게 더 특별히 보호하느냐고 말할 사람이 있을지 모르지만, 법에는 항상 해석과 개념의 문제가 따른다."(이태영 한국가정법률상담소 소장과의 특별대담 중에서, 동아일보, 1980. 1. 17.)

윤후정 이화여대 명예총장이 법학자로서 사회에 한 공헌 중 빼놓을 수 없는 부분이 바로 가족법 개정 운동에 탄탄한 이론적 틀을 마련한 것이다. 그것도 남성 시각에서 완벽하게 구성된 법 논리를 '여성' 시각으로 섬세하게 뚫고 들어간 '합리적 차별'이란 개념으로.

그의 설명은 이렇다. 전통 윤리나 가정의 평화 유지, 여성이 생계 책임자가 아니라는 점 등을 내세우면 법률 제정이나 법 시행에 있어 '합리적 차별'까지는 막지 않는다는 입장에서 법을 해석하게 된다는 것. 그렇기에 '평등'에 관련된 법적 해석도 상대적 평등과 절대적 평등, 합리적 차별과 비합리적 차별로 다변화될 수 있다. 이 논리에서 보면 기존 가족법이 아무리 헌법의 평등권에 비추어 '위헌'이라 주장해도 우리 사회의 질서와 가치관을 고려하면 위헌이 아니라는 판결이 나오게 된다.

그는 이미 1980년 개헌과 여성 인권 문제에 대해 이태영 한국가정법률상담소 소장과의 특별대담에서 네 가지로 여성과 관계된 '위헌' 법률을 조목조목 꼽은 바 있다. 그의 설명에 따르면, 1979년부터 시행된 개정 가족법은 여성의 재산권에 대해서는 진전이 있으나 호주제, 적모서자嫡母庶子제, 친족 범위의 남녀 불평등 적용, 남성 혈통 보호에 중점을 둔 동성동본同姓同本 불허 등이 해소되지 않아 남녀 신분상의 차별이 많고, 국가배상법 시행령 4조에선 신체 장애나 유족 보상에서 같은 조건의 남녀에게 현격한 차별을 두고 있다는 것이다.

東亞日報

여성광장

改憲과 女性의 人權

특별對談

"「조용한외침」반영을…"

남녀平等權 구체화해야

法解釋때도「合理的차별」排除를

女性단체는「侍女」입장탈피 壓力단체로 成長할때

동아일보(1980. 1. 17.)에 보도된 이태영 한국가정법률상담소 소장과 윤후정 명예총장의 '개헌과 여성의 인권'을 주제로 한 특별대담. "'조용한 외침' 반영을…"이란 제목 아래 '남녀평등권 구체화해야' 등 개헌에 여성 시각을 넣어야 한다는 윤명예총장을 중심으로 한 여성계의 공감대가 반영돼 있다.

또, 모자보건법에서 임신중절을 허용할 때 배우자 친권자의 동의를 필수화함으로써 여성 인권을 지나치게 무시하고 있고, 여성의 혼인 · 출산 · 중년 퇴직 등은 그 자체뿐만 아니라 그에 따르는 보험 연금 등의 문제에서도 여성에게 대단히 불리한 결과로 작용하고 있다는 것이다. 그는 "노동법 자체가 차별을 규정하지는 않았지만 여러 직장에서 고용 · 승진 · 임금 면에서 남녀를 차별하는 것도 엄연한 '위헌'"이라고 규정했다. 그로부터 27년이 지난 오늘날에도 세대 격차를 느낄 수 없는, 여전히 유효한 법 해석에 관한 문제 제기인 것을 볼 때 당시 그의 주장이 얼마나 파격적이며 선구적이었는지를 알 수 있다.

이같은 남성 중심적 법 관행에 대해 그는 "여성은 자신의 영원한 직장이 가정이 아니라는 것을 깨닫고 인간 · 근로자 · 시민으로서 자신의 생활을 선택하고 사회와 국가의 일원으로 자신의 몫을 다해야 한다"는 것을 대안으로 주장했다. 구체적으로, 아들 우선 교육주의를 고쳐 여성 자신이 가정학 등 예 · 체능 중심을 벗어나 사회의 여러 부문에 고르게 진출하고, 금녀 부문에 진출하기 위해 미국과 같은 '역차별주의'를 적용하며, 기혼 여성의 경력 단절을 막을 사회적 협력과 전통적 여성 직종을 탈피하고, 여성학 강좌 등 여성 스스로의 의식 개선을 통해 정책 결정에 참여하며, 여성 단체들이 시녀 입장을 탈피하고 압력단체로서의 역할을 할 것 등을 주장했다.

그리고 마지막으로 이같은 여성 문제 전반을 종합 검토하고 사회 전체의 문제로 해결해 갈 '대통령직속 여성부' 혹은 '여성청'의 설치를 역설했다. 1998년 '대통령직속 여성특별위원회'가 탄생하기 18년 전 이미 여성 정책 총괄 부서의 필요성을 절감했으니, 그가 대통령직속 여성특별위원회 초대 위원장이 된 것은 피할 수 없는 운명처럼 느껴진다.

1950년대 후반에서 60년대 후반 사이 절정에 달했던 가족법 개정 운동의 두 주역은 현장에서는 이태영 한국가정법률상담소 소장, 이론에서는 당시 젊은 법학 교수였던 윤후정 명예총장이었다. 두 사람은 '여성 최초'란 수식어를 달고 종횡무진 수많은 토론회와 대담에 참석하였다. 1960년대 초라

열정을 쏟아 지도한 법학과 학생들의 모의재판은 훗날 이화 법조인의 산맥을 형성하는 중요한 출발로 이어졌다. 모의재판을 끝낸 후 학생들과 함께. 왼쪽에서 세 번째가 윤후정 교수(1960)

면 그의 나이 20대 후반이었는데 주로 라디오를 통해 목소리를 들은 청취자들은 남성 토론자에 맞서 주눅들지 않고 막힘없이 논리를 전개시켜 나가는 그를 보고 40대 여자가 나와서 얘기하나 보다고 생각했다고 한다. 그는 기세훈 초대 가정법원장과 열렬히 찬반 토론을 벌이기도 했다.

"70년대의 토론회로 기억한다. 나보다 족히 20세는 더 많은 남성 변호사가 격앙된 어조로 '가족법을 개정하고자 하는 여자들은 한국 여자가 아니다. 우리의 미풍양속을 너무 모르고 무시하는 처사다'라며 '이런 여자들은 삼태기에 담아 태평양 바다에 던져야 한다'고 말하기도 했다. 이런 감정적 사태에 직면할 때마다 헌법학을 했기에 이론적으로 가족법의 모순을 차근차근 따져볼 수 있어 참 다행이라고 생각하곤 했다."

그러나 여성 헌법학자가 없는 현실에서 의외로 그는 헌법 개정 작업에는 거의 참여하지 않았다. 개헌 때마다 헌법 개정

연구위원이나 기초위원으로 일해 달라는 요청이 쏟아졌지만 "마음이 내키지 않아" 고사하거나 이런저런 핑계로 응하지 않았다고 한다. 왜냐하면 4·19혁명 이후 들어선 군사정권의 정통성을 인정할 수 없어서였다. 제1공화국이 물러가고 제2공화국이 들어서던 1960년 3차 개정과, 10·26 이후 1980년 8차 개헌 때 대한YWCA연합회·한국여성단체협의회·한국여성유권자연맹 등 3개 여성 단체의 요청에 따라 헌법 초안 작성에 참여한 것이 전부이다. 그러나 후자의 경우, 헌법에 가족·혼인 생활에서의 평등 조항을 삽입(현행 헌법 제36조 제1항)시킴으로써 한국의 법 역사와 문화의 흐름을 바꿔 놓았다.

법에 '여성'의 옷을 입힌 결정판은 1989년 제자인 신인령 전 이화여대 총장(이화여대 법대 교수)과 공저한 『법여성학』(이화여대출판부)으로 세상에 나왔다. 『법여성학』에서는 여성과 관련된 법적·제도적 문제들을 고찰하고, 그 문제들을 어떻게 해결하고 발전시켜 나갈지에 대한 이론을 정립하고자 시도했다. 그는 각국 판례들을 중점적으로 살펴보면서 국내법상 여성과 관계되는 법을 모두 찾아내 이를 헌법학적으로 분석하고 관련 이론을 소개했다. 특히 미국에서 여성 문제와 관련해 전개되는 평등권 이론을 소개한 것은 주목할 만한 작업이었다.

"내가 법학을 하고, 그중에서도 헌법학을 한 것은 여성 문제를 이론적으로 푸는 데 '정당한' 도움을 주기 위해서였다. 헌법은 국가 질서와 권력 구조, 경제 질서, 국민과 국가와 생활의 관계를 살펴볼 수 있는 국가 철학의 기본이다. 그런데 법 제도와 이론은 당시 사회를 지배하는 사람들에 의해 제정·형성되었기에 1980~90년대 이전 우리 법을 지배한 것은 쭉 남성들이었다. 1948년 헌법 제정 당시 민주적 기본권과 평등권이 헌법의 기준이 됐지만 이 역시 남성들에 의해 주도됐고, 따라서 여성들에 대한 법적 차별 해석의 여지가 있도록 형성된 것이다. 이 문제를 뚫고 들어가지 않으면 여성 차별 문제를 해결할 수 없다고 생각했다."

여성주의 법학 '교과서', 『법여성학』

'남성' 법학에 도전, 평등권의 '합리적 차별' 뚫고 들어가

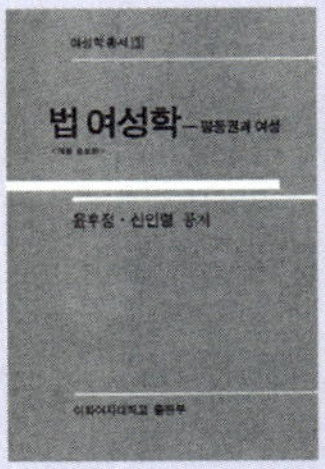
초판

제3개정판

법은 한 나라의 사회 구조를 집약적으로 표현하는 것으로 그 사회의 시대적 사고와 철학을 제도적으로 반영하는 정치 기술 내지 규범이다. 따라서 법은 그 사회 내의 남녀의 사회적 · 경제적 · 문화적 관계, 나아가 심리적 관계까지를 반영한다. …(중략)… 인간의 인간에 대한 억압과 차별을 전제로 하였던 사회에서는 법이 그것을 반영하여 남녀 양성의 차별도 자연스러운 것으로 수용하고 있었으나 인간의 존엄과 평등이라는 가치가 거부할 수 없는 이념적 근거로 확산되고 있는 오늘날의 사회에서는 법 또한 양성 평등의 요청을 불가결의 요소로 받아들일 수밖에 없게 되었다.

-1989년 9월 『법여성학』 초판 머리말에서

윤후정 이화여대 명예총장이 1989년 제자 신인령 이화여대 법대 교수와 공저한 『법여성학』에는 대한민국 최초 여성 헌법학자로서의 그의 철학과 소신이 고스란히 담겨 있다. '정의를 실현하는' 가장 합리적인 방법으로 인식되는 '법'이 여성에게는 역으로 작용할 수도 있다는 전제는 상당히 도발적인 문제 제기로 읽힌다. 책의 부제 '평등권과 여성'은 "모든 국민은 법 앞에 평등하다"는 전제 뒤에 숨은 교묘하고 세련된 '합리적 차별'의 실체를 밝혀내는 것이 저자의 주요 관심사임을 시사한다. 『법여성학』을 통해 '남성의 학문'으로 인식돼 왔던 법학 분야에서도 지각 변동이 조용히 일어나고 있음을 실감하는 순간이기도 하다.

저자는, 법도 인간 사회 안에 존재하는 것이기에 오랜 세월 지속된 성차별 사회의 편견과 고정관념이 반영돼 있다고 주장한다. 그 결과, 법 체계 내에 정당성과 당위성이 결여된 모순의 법제도가 여전히 남아 있고, 실정법상의 법제도와는 배치되는 각종 제도와 관행이 끈질기게 버티고 있다는 주장은, 특히 여성들에겐 법학자가 아니더라도 경험상으로 실감나게 다가온다. 21세기 우먼 파워가 가시화되고 있는 요즘에도 역시 유효한 주장이다. 이런 이유로, 또 시대적 변화에 따른 법 체계의 변화로 『법여성학』은 89년 초판 출간 이후 91년 개정 증보판, 2001년 제3개정판까지 거치게 된다.

『법여성학』은 우리나라가 제2차 세계대전 이후 자연법 사상의 부활을 받아들이고, 남녀 구별 없이 인간의 존엄과 가치의 보장을 기본으로 하는 민주 헌법을 제정한 이래 반세기를 넘겨, 그동안 전통적 윤리관, 합리성 등을 구실로 여성의 지위를 묶어 두었던 법규들을 전면 재검토할 때가 왔다는 전제에서 시작한다. 이때 저자가 지칭하는 '법여성학'의 개념은 "여성의 관점에서 이제까지의 학문을 재검토하고 여성이 주체적·능동적 노력을 통해 성별 불평등의 조건들을 변화시키려는 '여성학' 가운데 법적 측면에서의 그것을 지칭하는 용어"이다.

책에선 여성이 살아가는 데 필요한 모든 법적 문제를 다루었다기보다는 여성해방적 관점에서 문제되는 현행 실정법 및 관련 제도를 분석 검토하면서 적절한 비교나 참고가 될 만한 입법례와 판례를 함께 소개하고 있다. '양성 평등'을 키워드로 해 이를 헌법·남녀고용평등법·가족법·국적법·간통죄·강간죄·낙태죄·부녀매매죄 등의 형벌, 국제연합 등 국제사회의 정책적 노력에 이르기까지 적용시켜 분석하고 있다. 아울러 성차별 판례 연구 부분에 우리나라뿐만 아니라 미국과 일본 판례도 함께 실었다.

일례로, 여고 졸업 후 1981년 영업부 외무사원으로 근무 중에 1983년 횡단보도를 건너다 교통사고를 당해 그 후유증으로 계속

일할 수 없게 된 여성의 손해배상청구소송에 대한 상세한 소개는 민사소송에서 출발했지만 그 본질은 고용 관계에서의 성차별 문제 제기라는 것을 드러내고 있다. 이 소송에서 서울지법은 원고인 피해자가 주장한 26세부터 퇴직 연령인 55세까지 근로자로서 얻을 수 있는 소득분 3천5백여 만 원을 기각하고, 8백46만 원의 배상 판결을 내렸다. 이유인즉, 우리나라 여성의 평균 결혼 연령인 26세부터는 가사노동에 종사하는 것으로 보아야 하므로 여성 근로자로서의 수입을 인정할 수 있는 것은 25세까지뿐이며, 25세부터 55세까지는 도시 일용 여성 근로자 일당 임금으로 계산하기 때문이라는 것이다. 이에 항의해 여성 단체들은 조영래 변호사를 선임하여 피해자를 지원했다. 조변호사는 법원에 제출한 의견서에서 "원 판결이 미혼 여성인 원고가 25세에 달하면 결혼하여 퇴직한다는 예정을 전제로 배상액을 산정"했다는 것이 미칠 사회적 파장과 악영향을 경고했다. 사법부가 은연중 결혼퇴직제를 정당화하고 주부 가사노동의 경제적 가치를 '최하위 생계 유지 노동'인 도시 일용 여성 일당 임금 4천 원에 기초해 산정한 것은 여성에 대한 차별적 편견의 반영으로 도저히 납득할 수 없다는 요지에서다.

1989년 초판 이후 서둘러 출간한 91년 개정 증보판에서는 연말 국회에서 미진하긴 하지만 여성계가 제출한 가족법 개정안의 원안에 대한 대안이 전격 통과돼 1991년 1월 1일부터 시행됨으로써 '가족생활과 양성 평등' '형벌과 양성 평등'의 장을 대폭 손질했다. 특히 개정 가족법을 적용한 판례로서 '이혼 배우자의 재산분할청구권'에 관해 중요한 판례 2개를 추가 소개했다.

이후 법여성학 관련 법규의 제·개정, 법원·헌법재판소의 관련 판례 축적 등 초판 이후 10여 년간 일어난 많은 변화들을 반영해 전반적으로 크게 수정된 제3개정판이 2001년 출간됐다. 여기엔 1995년 유엔 창립 50주년을 맞아 채택된 북경 선언 및 행동 강령이 포함됐고, 새로 제정된 여성발전기본법·남녀차별금지및구제에관한법률·여성기업지원에관한법률·성폭력범죄의처벌및피해자보호등에관한법률·가정폭력범죄의처벌등에관한특례법·가정폭력방지및피해자보호등에관한법률 등 여성사에 한 획을 그은 법률들을 추가해 분석했다.

II부

여성운동 이론, 한국 현실에 투영

1975년 1월 24일 열린 크리스찬 아카데미의 '대화' 모임은 한국 사회에 여성운동의 이념을 대중적으로 알린 역사적 사건이었다. 학계 · 법조계 · 언론계 · 여성계 · 종교계 등 각계 인사들이 참석한 가운데 그가 발제를 맡은 '한국 여성운동의 이념과 방향'이 첫 번째로 발표됐다. 선천적으로 남녀는 다르게 태어난 것이 아니라 후천적으로 다르게 길러진다는 전제에서 출발한 발제는 큰 관심을 모았다.

내일을위한집

내가 진정 원한 것은 '여성의 인간화'다

1970년대 중반 크리스찬 아카데미 활동이 한국의 여성 문제 해결에 중요한 전환점이 됐다면 그 이론적 배경을 마련한 이가 바로 윤후정 명예총장이다. 그는 여기서 그치지 않고 여성학을 국내 최초로 이화여대 교양학부에 도입하는 단초를 만들어 대학원에 정식 석사과정을 개설함으로써 한국의 여성학이 세계의 여성학이 될 수 있도록 일찌감치 터를 닦아 놓은 주인공이기도 하다.

크리스찬 아카데미 수원 '내일을 위한 집' 앞에서 강원용 목사, 영 어덜트(Young-Adult) 회원들과 함께. 크리스찬 아카데미를 기반으로 한 그의 활동은 회원들간의 비공식 모임인 '차 한잔 모임'으로, 그리고 '여성사회연구회' 발족으로 이어져 한국에 여성학을 태동시키는 계기가 되었다.

그는 젊은 교수 시절인 1960년대부터 이미 '가부장권'을 여성의 눈으로 새롭게 해석하면서 용감히 문제를 제기해 왔다. 당시 그는 "'가부장권家父長權'이란 '남성이 모든 소유권을 가진다'는 '부권父權', 남성이 모든 소유권을 가지고 다스리고 명령한다는 '부치父治', 그리고 남성 쪽 혈통으로 가계를 계속 이어간다는 '부계父系', 이 세 가지를 뜻한다"며 "그렇다면 도대체 이런 상황에서 여성의 존재는 무엇이냐"고 강한 의문을 나타냈다.

더 거슬러 올라가면 법대생 시절부터 가족법에 관심을 가지기 시작, 이후 가족법 개정 운동에 참여하며 느꼈던 답답함이 그의 여성 이론의 토대가 됐다. "여성 차별 문제를 여성의 지위 향상과 권익 신장 입장에서 해결하려고 하는 일반적인 시도가 영 시원치 않았다"는 것. "'신장'이란 의미 자체가 여기서 백보 더 가는 정도이지 근본적인 문제를 해결해 주지는 않는다"는 생각에서였다. 여성 문제를 근본적으로 해결해 줄 사상의 틀과 이론이 절실했다. 그가 가장 강한 의문을 가졌던 부분은 "선천적으로 남녀는 다르게 태어났고, 따라서 남자가 하는 일과 여자가 하는 일은 따로 있다"는 관념이었다. 그는 전통적인 여성관과 여성 이미지에서 벗어난 여성들이 이룬 성취에 대한 국내외 기사를 스크랩하기 시작했다.

"미국 유학 중 『타임』지 등을 읽으면서 여성들이 가부장권에 대해 문제를 제기하고 스스로 여성 문제를 얘기하는 것을 보면서 약간의 힌트를 얻었다. 그러다가 1972년 6월 학위 취득 후 귀국해 헌법 기본권과 권력 구조를 다루는 통치권에 대해 집중 연구하며 고민했다. 이 부분을 연구하는 학자들 중 여성으로선 내가 유일했을 것이다. 이때까지 권력 구조와 기본권을 여성의 시각에서 깊게 보지는 못했다는 얘기다. 특히 평등권을 연구하며 비로소 직접적으로 이를 여성 문제와 결부시키기 시작했다. 이를 통해 60년대 나름대로 의문을 가졌던 여성 문제에 대해 정리하기 시작했다."

그는 여성 이론을 구사할 때 '여성해방'이란 말을 쓰는 대신 이를 '여성의 인간화'란 표현으로 대체시켰다. 좀더 근본

유엔 세계 여성의 해를 맞아 크리스찬 아카데미에서 30~40대 여성 리더들에게 자신의 논문인 「한국 여성운동의 이념과 방향」을 발표하고 있는 윤후정 교수. 이 논문은 새로운 시각, 새로운 방향으로 여성운동 이론을 정립함으로써 한국 여성운동의 전환점이 됐다. (1975)

적이고 포괄적인 의미에서 선택한 용어이지만 전략적으로도 일반 남성들의 거부감을 많이 줄이는 효과가 있었다.

그의 여성 이론은 1974년 8월 크리스찬 아카데미에서의 초청 강연을 통해 개화하기 시작했다. 1974년 당시 경기도 수원 '내일을 위한 집'에서 열린 '여성운동지도자협의회' 모임에서는 워크숍과 함께 초청 강연이 진행돼 30~40대 여성 리더들이 다수 참가했다. 그의 초청 강연에 대한 반응은 가히 폭발적이었다. 당시 크리스찬 아카데미는 여성사회 · 산업사회 · 학생사회 · 종교사회 등 4개 분야로 구성돼 중간 집단 교육을 시켰는데, 여성사회 분야만 유일하게 그를 중심으로 세 차례나 교육을 실시했다.

강연 주제는 '세계 여성의 해 선언과 한국 여성운동의 과제' 였다. 그는 "전세계적으로 가부장적 사회구조와 가족제도가 건재한 데다가 추상적 · 관념적 선언과 주장만으로는 남녀 차별 문제가 실질적으로 해결이 안 되는 상황"이라며 여성의 해 선언 배경을 설명했다. 이어서 스웨덴 · 프랑스 · 미국 등 각 선진국의 여성운동의 현주소를 소개했다. 반면 한국은 가정 · 사회 · 정치 · 경제 · 언론 · 법률 · 문화 등 각 분야가 남성 중심으로 돌아가는 것이 바로 여성 차별의 근본적 원인이라고 분석했다. 이에 “이런 각도로 여성 문제를 보고 들춰내기는 처음”이란 반응이 많았다. 굉장히 충격적이고 혁명적이라며 “마치 ‘신세계 언어’를 듣는 것 같았다”, “비로소 나의 눈이 뜨이고 귀가 뚫렸다”는 반응까지 나왔다.

이듬해인 1975년 1월 24일 열린 크리스찬 아카데미의 ‘대화’ 모임은 한국 사회에 여성운동의 이념을 대중적으로 알린 역사적 사건이었다. 학계 · 법조계 · 언론계 · 여성계 · 종교계 등 각계 인사들이 참석한 가운데 그가 발제를 맡은 「한국 여성운동의 이념과 방향」이 첫 번째로 발표됐다. 선천적으로 남녀는 다르게 태어난 것이 아니라 후천적으로 다르게 길러진다는 전제에서 출발한 발제는 큰 관심을 모았다.

“발제를 하면서 보니 대다수 남성 참석자들의 표정엔 별 변화가 없었는데, 후에 기사 난 것들을 보니 ‘모성성을 상실하면 안 된다’는 톤이 많았다. 아직도 여성을 본질적 시각에

크리스찬 아카데미 설립자인 강원용 목사 부부(중앙), 정의숙 전 총장(오른쪽에서 첫 번째)과 함께(위, 1995) | 정년 퇴임 출판기념회에서 크리스찬 아카데미 회원들과 함께(아래, 1997)

서 보지 못한 채 '여성 권익 신장론'의 담을 넘지 못했다는 느낌이 들었다……."

당시 이효재 교수, 작고한 이규태 언론인(『조선일보』 전 논설고문) 등이 논평을 했는데, 모성의 중요성을 강조한 점에서는 같은 맥락이었다. 단 정범모 서울사대 학장만이 "성심리론에서 여성과 남성은 크게 차이가 있는 것은 아니며 오히려 개개인의 차이가 더 크다"면서 그의 주장을 간접적으로 지지하였다.

'대화' 모임에 참가했던 여성들은 그가 작성한 초안을 토대로 밤새워 논의에 논의를 거듭하여 다음날인 25일 한국 최초의 「여성 인간화 선언」을 사회에 공표했다. '세계 여성의 해' 벽두에 터진 일대 사건이었고, 언론들은 크게 주목했다.

크리스찬 아카데미를 중심으로 한 여성 이론의 정립과 활발한 여성 의식화 교육 뒤에는 설립자인 강원용 목사의 전폭적인 지지가 큰 도움이 되었다.

24~25日 女性運動관계자모여 초안마련

女性人間宣言

地位향상아닌 男女상호책임의 人格的·平等的 倫理모색

[5] 1975年1月28日 火曜日

「女性운동의 課題와 方向」討議서 尹厚淨교수主題發表

女性의해 制定은 제3의 人權宣言

「地位향상」보다 새로운 「文化創造」로

集中的인 運動펴기위해

추진機構만들기로 합의

尹厚淨교수

한국일보(위)와 동아일보(아래)에 실린 '여성의 해' 강연 관련 기사(1975)

“강목사님은 여성 문제에 대해 다른 어떤 남성보다도 시각이 선진적이셨다. 나의 여성 이론에 대해 상당히 진보적인 남성들도 ‘투 마취Too much’라며 수용하기를 불편해 했는데, 강목사님은 이해도 아주 빠르신 데다가 여성에 대한 나의 역사관, 철학관, 논리의 틀을 100% 수용해 주셨다. 이후 여성 사회 교육을 통해 여성 이론과 여성 의식을 전파하는 데 주도적 역할을 하셨으니, 한국 여성들은 강목사님께 참 많은 빚을 지고 있는 거다.”

1976년 크리스찬 아카데미에는 각 대학 교수들과 여성 활동가들로 이루어진 ‘여성사회연구회’가 조직되었고, 한편으로는 ‘영 어덜트Young-Adult’ 모임이 있었다. 그는 여기서 여성사회연구회의 초대 회장을 맡아 연구회가 뿌리를 내리고 한국 여성운동의 전초 기지가 되는 데 큰 역할을 했다. 여성사회연구회의 첫 1년간은 여성 문제를 여성 시각에서 학문적으로 검토하고, 반대로 각 학문을 여성 관점에서 검토·분석하는 것이 주요 작업이었다. 가령 여성과 생리학, 여성과 종교, 여성과 문화, 여성과 역사, 여성과 정치 이런 식이었다. 다학문적, 다학제간 각도에서 연구했는데 지금의 트렌드인 컨버전스(융합)와도 무관치 않다고 생각된다. 이때 가졌던 비공식 모임인 일명 '차 한잔 모임'은 그를 비롯해 박영숙·강기원 등의 집을 돌아가며 격월로 열리곤 했다. 후에 이 모임이 '여성사회연구회'로 발전해 여성사적으로 매우 중요한 의미를 가지게 됐다. 바로 이것이 한국에 '여성학'이란 씨앗이 뿌려진 직접적 계기가 됐기 때문이다.

여성 인간화 선언 女性人間化宣言

1975. 1. 25.
크리스찬 아카데미 '대화' 모임 채택
윤순덕(개명: 윤후정) 기초

여성(女性)은 남성(男性)과 함께 같은 인간(人間)으로, 같은 능력자(能力者)로 태어났음을 영원(永遠)한 본연(本然)의 질서(秩序)로 우리는 믿는다. 남녀(男女)의 차별(差別)은 후천적(後天的)인 문화적(文化的) 소산(所產)이며, 이러한 차별(差別)의 격화(激化)는 여성(女性)의 비인간화(非人間化)를 조래(招來)하였다. 기능(機能)과 역할(役割)의 구분은 성(性)을 기반(基盤)으로 할 것이 아니라 개인(個人)의 능력(能力)과 취향(趣向)에 근거(根據)하여야 한다.

여성운동(女性運動)의 궁극적(窮極的)인 목적(目的)은 성차별(性差別)을 전제(前提)한 가치관(價値觀)과 모든 불균등(不均等)한 제도(制度)의 시정(是正)을 통(通)하여 여성(女性)의 인간화(人間化)를 도모(圖謀)하는 데 있으므로 단순(單純)한 여성(女性)의 지위향상운동(地位向上運動)과는 구분(區分)되는 것이다. 이는

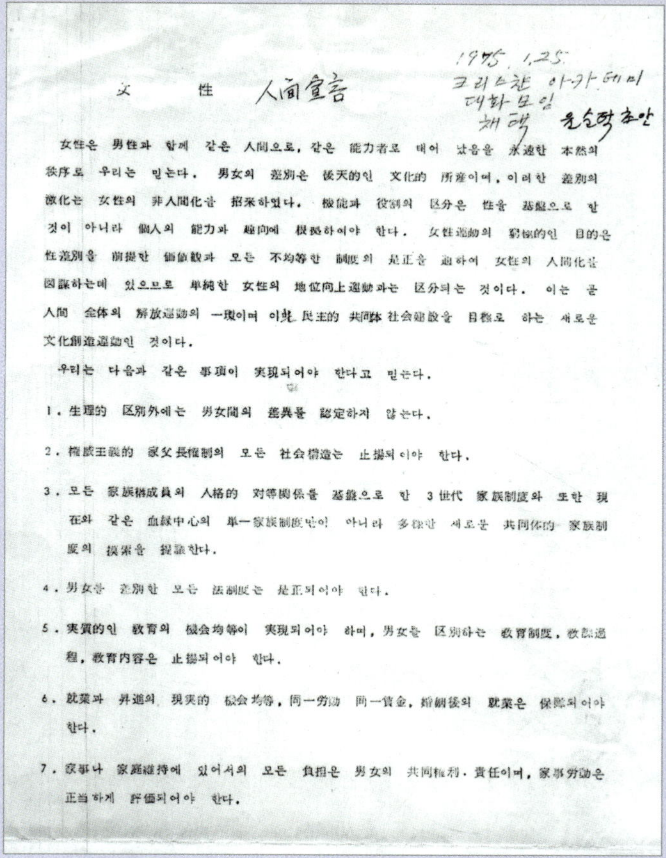

1975. 1. 25.
크리스찬 아카데미
대화모임
채택 윤후정 초안

女　　性　　人間宣言

女性은 男性과 함께 같은 人間으로, 같은 能力者로 태어 났음을 永遠한 本然의 秩序로 우리는 믿는다. 男女의 差別은 後天的인 文化的 所産이며, 이러한 差別의 激化는 女性의 非人間化를 招來하였다. 機能과 役割의 区分은 性을 基盤으로 할 것이 아니라 個人의 能力과 趣向에 根拠하여야 한다. 女性運動의 窮極的인 目的은 性差別을 前提한 価値觀과 모든 不均等한 制度의 是正을 通하여 女性의 人間化를 図謀하는데 있으므로 單純한 女性의 地位向上運動과는 区分되는 것이다. 이는 곧 人間 全体의 解放運動의 一環이며 이는 民主的 共同体 社会建設을 目標로 하는 새로운 文化創造運動인 것이다.

우리는 다음과 같은 事項이 実現되어야 한다고 믿는다.

1. 生理的 区別外에는 男女間의 差異를 認定하지 않는다.

2. 權威主義的 家父長権制의 모든 社会構造는 止揚되어야 한다.

3. 모든 家族構成員의 人格的 対等関係를 基盤으로 한 3世代 家族制度와 또한 現在와 같은 血縁中心의 單一家族制度만이 아니라 多様한 새로운 共同体的 家族制度의 摸索을 提議한다.

4. 男女를 差別한 모든 法制度는 是正되어야 한다.

5. 実質的인 教育의 機会均等이 実現되어야 하며, 男女를 区別하는 教育制度, 教課過程, 教育内容은 止揚되어야 한다.

6. 就業과 昇進의 現実的 機会均等, 同一労動 同一賃金, 婚姻後의 就業은 保障되어야 한다.

7. 家事나 家庭維持에 있어서의 모든 負担은 男女의 共同権利·責任이며, 家事労動은 正当하게 評価되어야 한다.

윤명예총장이 작성한 여성 인간 선언 초안문(1975)

곧 여성(女性) 전체(全體)의 해방운동(解放運動)의 일환(一環)이며 이는 민주적 공동체 사회 건설(民主的共同體社會建設)을 목표(目標)로 하는 새로운 문화창조운동(文化創造運動)인 것이다.

우리는 다음과 같은 사항(事項)이 실현(實現)되어야 한다고 믿는다.

1. 생리적(生理的) 구별(區別) 외(外)에는 남녀간(男女間)의 차이(差異)를 인정(認定)하지 않는다.
2. 권위주의적(權威主義的) 가부장권제(家父長權制)의 모든 사회구조(社會構造)는 지양(止揚)되어야 한다.
3. 모든 가족 구성원(家族構成員)의 인격적(人格的) 대등관계(對等關係)를 기반(基盤)으로 한 3세대(世代) 가족제도(家族制度)와 또한 현재(現在)와 같은 혈연 중심(血緣中心)의 단일가족제도(單一家族制度)만이 아니라 다양(多樣)한 새로운 공동체적(共同體的) 가족제도(家族制度)의 모색(摸索)을 제의(提議)한다.
4. 남녀(男女)를 차별(差別)한 모든 법제도(法制度)는 시정(是正)되어야 한다.

5. 실질적(實質的)인 교육(敎育)의 기회균등(機會均等)이 실현(實現)되어야 하며, 남녀(男女)를 구별(區別)하는 교육제도(敎育制度), 교과과정(敎科課程), 교육내용(敎育內容)은 지양(止揚)되어야 한다.
6. 취업(就業)과 승진(昇進)의 현실적(現實的) 기회균등(機會均等), 동일 노동(同一勞動), 동일 임금(同一賃金), 혼인(婚姻) 후(後)의 취업(就業)은 보장(保障)되어야 한다.
7. 가사(家事)나 가정 유지(家庭維持)에 있어서의 모든 부담(負擔)은 남녀(男女)의 공동 권리(共同權利)·책임(責任)이며, 가사노동(家事勞動)은 정당(正當)하게 평가(評價)되어야 한다.

이제 여성(女性) 스스로는 자기 열등(自己劣等)의 의식(意識)에서 벗어나야 하며, 사회(社會) 역사(歷史)에 대(對)한 책임(責任)인(人)으로서 인류(人類)의 평등(平等)·발전(發展)·평화(平和)에 적극적(積極的)으로 기여(寄與)하여야 한다. 여성 문제(女性問題)는 여성(女性)만의 문제(問題)가 아니다. 남녀(男女)는 반려자(伴侶者)이며 가장 친밀(親密)한 협동 관계자(協同關係者)이다. 따라서 여성(女性)의 해방(解放)은 남녀(男女)의 공동 과제(共同課題)이며, 이는 곧 인간 문제(人間問題)의 해결(解決)인 것으로,

인류(人類)의 근원적(根源的) 모순(矛盾)인 주종(主從) 지배(支配) 복종(服從) 문화(文化)를 탈피(脫皮)하는 열쇠가 된다는 사실(事實)을 우리는 확신(確信)한다.

†

아직 개명을 하지 않아 '윤순덕'으로 표기된 윤후정 명예총장이 작성한 한국 최초의 '여성 인간화 선언' 초안. 1975년 1월 24일 크리스찬 아카데미의 '대화' 모임에 참여했던 여성들이 윤명예총장을 주축으로 밤새워 논의를 거듭한 끝에 이튿날인 1월 25일 이 역사적 산물을 탄생시켰다. 1월 24일 열렸던 '대화' 모임은 우리 사회에 여성운동의 이념을 대중적으로 알린 계기가 됐다.

‘여성사회연구회’는?

‘여성의 인간화’ 목표
여성 문화 · 여성 언론 담론 형성

‘여성사회연구회’는 크리스찬 아카데미 활동을 통해 1976년 7월 24일 창립됐다. 이를 통해 여성계에 여성 문화 담론과 여성 언론의 필요성에 대한 공감대가 형성되기 시작, 스터디가 본격화됐다. 이같은 작업은 이후 회보 『여성사회』와 1985~87년 발행된 격주간 회보 『여성신문』을 통해 구체적으로 『여성신문』 창간이란 결실로 이어진다.

여성사회연구회는 1974년부터 크리스찬 아카데미가 실시한 여성사회 중간 집단 교육 이수자들인 대학 교수들과 여성 활동가들을 중심으로 구성됐다. 연구회는 여성운동의 목표를 인간화 운동으로 설정하고, 이를 수행하기 위한 준비 단계로 사회 문제와 역사 문제를 주로 연구했다. 이같은 활동을 통해 생산된 여성 이슈와 여성 인력이 이후 여성운동의 지형도를 형성하게 된다.

회원 규모는 150여 명으로 이들 중 11명의 임원이 운영을 맡았고, 관심 분야마다 소그룹이 형성돼 활동을 전개했다. 여성사회연구회 임원진은 초대 회장 윤후정 이화여대 명예총장, 총무 이정자 녹색구매네트워크 상임대표; 2대 회장 김행자 전 국회의원, 총무 한명숙 전 국무총리; 3대 회장 이정자 대표, 총무 김근화 여성자원금고 이사장; 그리고 4~5대는 이정자 대표, 이계경 국회의원, 김지명 컨벡스코리아 대표 등 5인 체제로 운영됐다.

당시 주요 회원들로는, 정의숙(전 이화여대 총장) · 조정호(이화여대 명예교수) · 박영숙(한국여성재단 이사장) · 정세화(이화여대 명예교수) · 박인덕(전 여성개발원장) · 강기원(변호사) · 김재희(당시 가족계획협회 홍보부장) · 신인령(이화여대 전 총장) · 차명희(대통령직속 여성특위 초대 사무처장) · 진민자(청년여성문화원 이사장) · 한명숙(전 총리) · 이정자(녹색구매네트워크 공동대표) · 김숙자(당시 상명여대 일어학과 교수) · 이계경(국회의원) · 이미경(국회의원) · 장필화(이화여대 여성학과 교수) · 김지명(컨벡스코리아 대표) 씨 등이 있다(무순).

연구회의 진보적이고 혁신적인 시도들에는 '여성 문화제' 개최, 여성운동 기금 마련을 위한 신용협동조합 발족 등이 두드러진다. 1978년 12월 14~15일 여의도 여성백인회관에서 개최된 여성문화제에는 회원들이 직접 창작과 제작에 참여한 여성 영화제, 여성 연극제, 여성 음악제, 여성 사진 전시회, 여성 도서 전시회 등이 골

고루 시도돼 '새로운 여성운동'으로 받아들여졌다. 특히 중산층 부부 생활의 허상을 드러낸 잉그마르 베르히만의 「결혼의 장면들」을 각색한 연극 「문맹들」의 경우, 번역은 장필화, 연출은 최형인, 기획은 이계경, 그리고 주인공은 최형인과 명계남이 맡아 무대에 올렸다. '여성 새노래 모음'에는 "나는 인형이었네-아버지의 딸 인형이-었네"로 시작하는 나혜석의 시에 전혜란이 곡을 붙인 「사람이어라!」 등 여성 정체성과 운동성을 강하게 드러낸 12곡이 수록됐다. 김민기 · 강원용 등 페미니스트 남성들이 작사자 혹은 작곡자로 참여한 것도 눈길을 끈다.

여성사회연구회는 또한 한국 최초의 여성 정론지 『여성신문』 탄생의 토대가 됐다. 윤명예총장의 초대 회장 역임 이후 1985년 여성사회연구회의 5대 회장이 된 이계경 국회의원은 1988년에 『여성신문』을 창간하고 초대 발행인이 되기에 이른다. 즉, 여성 인간화 이념의 실현과 여성해방운동의 구체적인 실천 방안으로 신문 발행이 그 대안으로 떠오른 것. 이렇게 해서 1985~87년 2년 간 회원 대상 회보 형식의 『여성신문』이 등장하고, 1988년 『여성신문』으로 공식 탄생하게 된다. 그러나, 당시 『여성신문』 창간 작업 과정을 지켜보는 윤명예총장의 마음은 한편으로는 대견하고 한편으로는 착잡했다.

"사실 속으로 참 애처로웠어요……. 도대체 저 재정을 어떻게 감당하나, 또 재원과 인재는 어떻게 구하나, 더구나 신문 제작의 경험도 없는데 등등 많은 걱정을 했었죠……."

반면, 여성주의 시각에 의한 여성 정론지가 전무하던 시절, 『여성신문』의 의미는 각별할 수밖에 없었다.

"여성들의 손에 의해 신문을 발행한다는 것 자체가 역사적 사건이죠. 이제까지 정치, 사회, 경제, 사회 가치, 제도, 역사 등 모든 현상을 남성들의 '한쪽' 눈과 귀, 입만 가지고 살아온 셈인데, 이것은 '반쪽 사회' 죠.

이 사회는 여성과 남성이 함께 살게 돼 있습니다. 그러나 기성 신문은 여성 문제에 별 관심도 없고, 여성을 중요한 사회 구성원으로 생각하지도 않아서 그런지 여성 이슈를 제대로 다루지 않았죠. 이제 『여성신문』이 나와 다른 한쪽 눈, 귀, 입 역할을 함으로써 비로소 반쪽 사회를 벗어나 옹근 사회로 가는 한 방법이 생기기 시작한 거예요."

창간 5주년 축하 리셉션에 참석한 각계 인사 300여 명을 보면서

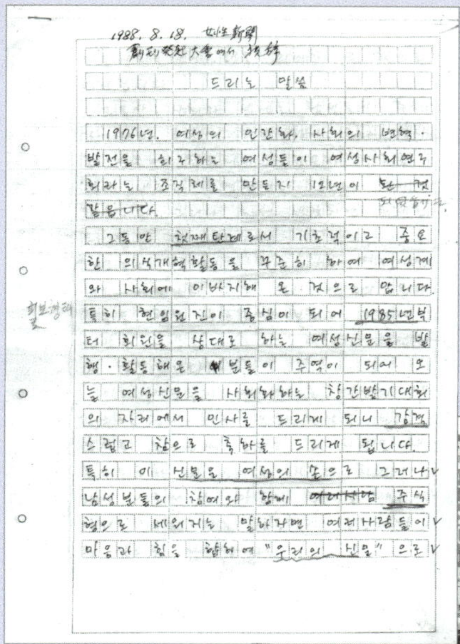

1988. 8. 18. 女性新聞 創刊發起大會에서 祝辭

드리는 말씀

1976년, 여성의 인간화, 사회의 민주화·발전을 희구하는 여성들이 여성사회연구회라는 조직체를 만든지 12년이 되었습니다.

그동안 철저한 태도로서 기초적이고 중요한 의식개혁활동을 꾸준히 하여 여성계와 사회에 이바지해 온 것으로 압니다. 특히 현임원진이 중심이 되어 1985년부터 회원을 상대로 하는 여성신문을 발행·활동해온 분들이 주역이 되어 오늘 여성신문을 사회화하는 창간발기대회의 자리에서 인사를 드리게 되니 감개스럽고 참으로 축하를 드리게 됩니다. 특히 이 신문을 여성의 손으로 그러나 남성분들의 참여와 함께 주식회사로 세워지는 말하자면 여러사람들이 마음과 힘을 합하여 "우리의 신문"으로

『여성신문』 창간 발기인대회를 위해서 윤명예총장이 쓴 축사 원고(위, 1988) | 『여성신문』 창간 5주년 기념 기사(아래, 1994)

“『여성신문』을 경시했다간 큰코 다치겠다는 사회 분위기가 형성되고 있다”고 체감한 그는 10주년인 1998년 여성주간에 국무총리 표창을 받는 『여성신문』을 보고 “정부에서도 『여성신문』의 공익적 역할을 공식적으로 인정했구나. 이것은 바로 여성운동의 성장이기도 하다”고 벅찬 평가를 했다.

“앞으로 『여성신문』은 전인적 여성상인 통합 여성을 실현할 수 있는 환경과 방법론을 형성하는 데 좀더 치중해 주십시오. ‘요즘은 여성을 무서워해야 하는 시대’라고 남성들이 농담반으로 말하지만, 권력과 재력은 아직도 여전히 남성들 주머니 속에 있습니다. 『여성신문』의 갈 길이 먼 거죠.

더불어 여성과 남성이 다함께 『여성신문』을 안 보면 사회 활동에 뭔가 뒤떨어질 것 같고 손해 보겠다는 생각을 하게 하는, 안 보면 궁금해져 참을 수 없는 그런 신문을 만들어 주세요.”

향후 『여성신문』의 비전에 대한 그의 기대다.

여성학도 '학문'으로 성립될 수 있다

1977년 9월 이화여대에 여성학이 교양과목으로 처음 개설됐다. 이를 바탕으로 1982년, 당시 법정대 학장이었던 윤명예총장은 교무회의에 참석해 대학원에 여성학 석사과정이 개설되도록 주도했고, 1990년 대학원장 시절에는 마침내 여성학 박사학위 과정이 인가되기에 이르렀다. 세계 대학 차원에서도 극히 드문 실례였다. 이 모든 과정이 급속히 전개된 밑바탕엔 1970년대 중반 크리스찬 아카데미에서 초기 1년간의 스터디를 통해 "여성학도 '학문'으로 성립될 수 있다"는 확신과 자신감을 얻은 것이 주효했다.

그가 1984년 10월 6일 이화여대 여성학과 대학원 교수들을 주축으로 '한국여성학회'를 창립하고 초대 회장으로 추대돼

한국여성학회 초대 회장으로 추대된 윤후정 명예총장. 그는 여성학의 다학문간 접목을 시도하여 여성학 연구의 지평을 확장하였다.(1984)

2년간 여성학회의 터를 닦은 것은 자연스러운 결과였다.

"여성학회는 여성 문제를 여러 각도에서 이론적으로 규명하고, 한국의 여성 문제의 보편성과 특수성을 밝혀 분석해 내기 위해 발족됐다. 실질적으로는 각 대학 여성학자들과의 교류 창구가 생긴 것이 큰 성과였다(당시 전국적으로 20여 개 대학에 여성학 강의가 개설되는 양적 확대가 있었다). 특히 대학별로 돌아가면서 학회장을 맡게 한 것이 여성학을 전국적으로 퍼뜨리는 데 큰 영향을 미쳤다."

"여성 문제는 여성만의 것이 아니라 남녀 공통의 문제로 모두가 힘을 합해 해결해 나가야 하며, 학회의 발족이 이론적 뒷받침이 될 것"이라고 공언한 그는 학술지 『한국여성학』을 함께 창간해 여성학 확산에 박차를 가했다. 1년에 1회 내지 2회 발간되는 『한국여성학』은 짧은 역사에도 불구하고 한국학술진흥재단으로부터 A급 평가를 받을 정도로 알차게 엮여 나오면서 여성학 연구의 방향 제시뿐만 아니라 여성운동의 변화와 이론을 제고하는 데 큰 몫을 했다.

2005년 이화여대에서 열린 제9차 세계여성학대회 개회식에서. 당시 권양숙 대통령 부인, 장하진 여성부 장관, 장필화 대회 조직위원장과 함께. 맨오른쪽이 윤명예총장(위) | 이화여대 한국여성연구원에서 주최한 아시아여성학술대회(아래. 1995)

윤후정의 여성운동 이론은?

'남녀는 다르다'는 통념 · 논리를 뒤집다

1975년 김활란 박사 5주기 기념 논문집에 발표한 논문 「한국 여성 문제의 방향」은 윤후정 명예총장의 여성운동 이론의 완결판이라 할 수 있다.

그는 논문 서두에서 여성 문제의 해결은 본질 문제의 해결 없이는 매우 어려운 일이기에 여성의 본질 문제의 취급에 관심을 두고 시작했음을 분명히 했다. 그 전제가 되는 것은 청동기부터 3,000년 가까이 동서양을 막론하고 우리를 지배했던 남녀간의 선천적 차이에 대한 통념이다. 즉, 남녀는 생물학적으로 다르게 태어나 기질이 다르며, 따라서 사회적 지위와 역할이 달라질 수밖에 없다는 철학적 · 사상적 논리다. 이 논리는 19세기 현미경의 발명을 비롯해 본격적으로 과학이 출현하면서 지금까지의 주장이 사유론이며 생물학적 자연론이 아님을 입증하면서 무너지기 시작했다.

여성 문제의 해결을 위한 여성운동의 시작은 서양에서는 프랑스혁명에 힘입어 1790년대부터, 한국에선 개화의 물결과 함께 1890년대부터 시작됐지만, 여성 문제가 근본적으로 해결되지 못한 채 주변을 맴돌고 있다고 결론 내린다. 원인은 이제까지의 문제 취급이 주로 여성 지위의 향상, 여권 신장이기 때문. 이를 "머슴을 머슴의 자리에 그냥 두고 머슴의 지위를 아무리 높인다 해도 여전히 머슴인 것과 같은 이치"라고 비유하며 "머슴의 지위에 변화를 일으키려면 그 지위를 근본적으로 다른 각도에서 취급해야 할 것"이라고 설명한다. 즉, 이제까지의 여성의 열등성, 피동성, 역할의 구별성 등은 후천적으로 제도적으로 만들어진 것이기에 고칠 수 있고, 가부장권을 기본으로 한 가족 · 사회구조의 변화 각도에서 접근해야 한다는 여성 문제의 본질론과 구조론을 제기한 것이다.

그가 뜻하는 여성 문제 해결의 궁극적 목적은 새로운 문화를 창조하고 인간 완성의 사회를 건설하는 데 있다. 이때 새 문화, 새 사회는 힘의 문화, 가부장권제 사회를 지양하고 인간의 공존과 협동을 통해 평화 사회와 인간 완성의 사회를 지향하는 것을 뜻한다. 이를 위해 우선 해결 과제로 의식 구조의 개혁, 성윤리의 이중적 잣대에 대한 동일 규범 적용, 개인 · 사회인으로서 발전을 꾀하기 위한 생업으로서의 직업 갖기 등을 꼽는다.

여성의 사회 참여와 진출을 위해서는 ▲교육 분야에서 성차별적 내용의 시정, 여성의 기술 · 전문직 참여 독려, 새로운 여성상의 정립 등의 내용을 보완하고 ▲여성의 출산과 육아에 대한 사회복

지제도를 마련하며 ▲여성이 가정과 직장 생활을 병행할 수 있도록 가족도 함께 가사를 분담하는 분위기가 형성돼 여성의 경력 단절을 막아야 한다고 강조한다. 그는 끝으로 출가외인 등의 통념이 깔려 있는 혼인제도의 개혁, 비혈연 가족 등 다양한 가족 형태 포용 등을 비롯해 모든 가족 구성원이 인격적으로 대등 관계를 맺는 새로운 가족제도를 모색할 것을 요구했다.

21세기 여성의 비전은 평화 사회 구현하는 '통합 여성'

첫 여성 헌법학자이자 한국 사회에 여성학 정착의 토대를 마련한 윤후정 이화여대 명예총장이 제시하는 21세기 통합 사회의 여성 비전은 '통합 여성'으로 정리된다. 1986년 이화 개교 100주년 기념 학술제에서 발표된 '통합 여성'은 넓게는 자유와 평등이 공존하는 정의롭고 평화로운 사회의 이상적인 인간상이다. 그의 통합 여성상 이론 배경엔 "여성이 개인으로 인간답게 사는 길과 공동체 구성원으로 정의와 평화 사회를 구현하고 사는 길, 양쪽이 다 실현돼야 한다"는 생각이 자리잡고 있기 때문이다.

그에게 '통합 여성'은 여성해방운동의 지향 목표이자 1990년 총장 취임사에서 강조해 밝혔듯 이화의 궁극적인 교육 목

西紀 1986年 5月 22日 木曜日 15面 (6)

梨大 1백주년 기념학술대회

미래사회엔「통합여성」필요

尹厚淨교수「한국여성과 미래의 이화」論文

家庭중심 책임·능력 共有

취업, 보조-지원업무서 벗어나야

高級人力 기르는 專門교육 중요

이화창립 100주년 기념학술대회의 기조 강연에서 미래 사회의 이상적 여성 모델로 윤명예총장은 '통합 여성상'을 제시하였다.(1986)

표다. 동시에 1968년 김활란 총장이 자신의 이화 근속 50주년 기념 강연에서 처음 제시한 '슈퍼 우먼super woman'의 개념에 이어 이화 역사 안에 등장한 새로운 여성상으로, 지금 2000년대에 더욱 더 유효한 역할 모델이기도 하다.

통합 여성의 사상적 배경은 서구의 자유주의 여성학의 '양성적 인격론'이나 '차이의 여성학'과는 분명히 다르다. 오히려 "우리 민족 고유 사상 속에 면면히 흘러내리는 일체감의 사상", 가깝게는 한태동연세대 명예교수 같은 학자가 말하는 '원융圓融' 사상과 일맥상통한다. 영어로 'Integrated Woman'으로 표현하면 훨씬 명확히 의미가 다가오는데, 그는 한 인터뷰에서 이에 대해 "일체감oneness의 사상, 전일체의 사상"을 들고 있다. 즉, 남성과 여성은 동전의 양면 같은 존재며, 인간은 즉자卽自, an sich와 대자對自, für sich의 관계 속에서 규정되는 것이다. 여기서 인간의 한쪽은 남성이고, 다른 한쪽은 여성이라는 명제가 가능해진다. 그는 이를 "남성과 여성, 아버지와 어머니의 요소가 함께 작용하여 인간이 나온다고 볼 수 있다"고 설명한다. 이 양성적 모델에서 어느 한 성이 어느 한

성보다 우월하다, 열등하다를 따지는 것은 어불성설이다. 그는 자신의 예를 들어 "우리 아버지의 장점은 정직과 정열, 어머니의 장점은 인내와 신앙심, 사랑인데, 그중 어느 것이 우수한 가치냐고 묻는다면 어떻게 대답할 수 있을까" 라고 반문한다.

그의 통합 여성 이론 배경 한편엔 에버레트 하겐의 '사회변동론' 이 있다. 즉, 권위적 체제가 소멸 단계로 들어선 후 인퇴引退 단계를 거치며 재창조 단계로 가는 동안, 여성의 위상은 성적 기능의 분화를 거쳐 분화와 혼재적 단계, 이어서 남녀간 경쟁 단계를 극복하고 결국 통합적 여성의 단계로 간다는 것이다. 이 과정에서 남녀간 차이와 분리를 강조한 과거 권위주의 체제에 도전하고 이를 극복하고자 노력하는 가운데 필연적으로 갈등이 생기게 된다. 이것이 바로 그의 표현에 따르면 '창조적 갈등' 이다.

이 같은 동서양의 이론적 배경에 의거해 그가 주장하는 통합적 여성의 특징은 크게 다음의 네 가지로 나뉜다. 첫째, 의식과 가치 면에서 남녀의 구분을 찾을 수 없는 공감적인 일

치성을 보여준다. 둘째, 능력과 기능의 측면에서 남성이 독점하는 특정 영역이나 여성만의 영역이 있는 것이 아니라 대등한 능력과 기능을 보여주게 된다. 셋째, 가정과 직장, 사회가 유기적으로 연관돼 남성의 생활 패턴과 같이 여성에게도 직장과 가정이 영위되며 사회적 기능의 책임자로서 역할을 수행하게 된다. 마지막으로, 남녀간 동반자적 협동 보완 관계를 지속함으로써 상호간 인격적 성장을 지원하는 필연적 존재임을 확인하게 된다.

이같은 통합 여성의 실현을 위해서는 일정 부분 사회적 조건이 필요하다. 그는 이에 대해 남녀에게 적용돼 왔던 이중규범을 없애고, 여성의 몫으로만 강요돼 왔던 출산과 육아를 사회화하며, 여성도 생업으로서 직업 생활을 할 것을 구체적으로 제시한다.

근본적으론 '통합'이란 "여성이 남성과 구별 없이 똑같이 인간적으로 생활한다"는 것을 의미하는 것이라고 그는 결론 내린다. 구분과 차이는 생리적 그리고 근육적 힘 등 이외에는 대부분 교육과 기회·조건·훈련의 차이로 인해 파생될 뿐이라는 것이다. 이런 그의 주장은 법학자로서 이미 70년대부터 여성 평등을 위한 적극적 조치affirmative action, 즉 역차별 reversed discrimination의 타당성을 역설한 것과 결코 무관하지 않다. 과거 제도적으로나 사상적으로나 모든 면에서 여성을 차별했기에 여성의 기능적 상태 등이 남성과 동등할 수 없는 경우, 여성이 평등해지기 위해서는 여성에게 그것을 보완할 수 있는 더 많은 혜택과 기회를 주는 것이 옳다는 것이다. 그는 이에 대해 "이제까지는 남성을 여성보다 100미터 더 앞에서 뛰게 했으니까 이제는 여성을 조금 더 앞으로 세워서 뛰게 해야 옳다"는 비유로 설명한다.

통합 여성을 중심으로 한 그의 여성학 연구와 이론 설파는 장필화 이화여대 여성학과 교수를 비롯한 관련 학자들로부터 "한국 역사를 관통하는 문화와 사상 속에서 여성이 어떻게 해석되고 있으며, 그 해석을 바탕으로 어떻게 미래의 여성상을 정립할 것인가 하는 가치론적, '구조적' 문제의식을 담고 있기에 사회과학 · 철학 · 역사 · 문화를 학제적으로 연구하는 모범을 보여주었다"는 평가를 받고 있다.

† 참고 자료

1. 이화창립 100주년 기념학술대회, 『한국의 여성고등교육과 미래의 세계』(이화여자대학교출판부, 1987)
2. 『이화와 더불어 한국 여성을 바꾸어온 오십 년』(이화여자대학교출판부, 2001)
3. 「다시 시작하는 이야기 여성사－대한민국 최초 여성 헌법학자 윤후정 이화여대 명예총장」(2007년 4~5월 『여성신문』 926~931호 총 6회 연재 기사)
4. 『이화 110년사: 어제와 오늘』(이화여자대학교출판부, 2007)

III 부

대통령직속 여성특별위원회 초대 위원장 시절

남녀차별금지법은 그의 표현대로 "한국 여성사에 굵은 획을 긋는 한국 여성의 인권법으로 우리 사회에서 성차별을 받는 계층을 없앰으로써 진정한 민주주의를 실현해 나가는 계기를 마련한" 법이며 "여성 입장에선 자신의 능력과 실력을 마음껏 발휘할 기회를 갖게 됨으로써 여성 자원을 국력화할 수 있는 초석을 다지게 된 계기"가 된 법이기에 그 중요성은 가늠할 수조차 없다.

'여성부' 만들고 남녀차별금지법 제정해 달라

윤후정 명예총장은 1998년 66세 때 대통령직속 여성특별위원회 초대 위원장으로 임명된다. 그는 원칙주의자답게 당시의 상황을 "이화여대를 정년퇴임한 후라 수락이 가능했다"고 술회한다. 그러나 임명 초기, 진통은 상당했다. 새로 들어선 김대중정부는 여성 업무를 주로 담당했던 당시 정무(제2)장관실을 폐지했고, 그 '공터' 같은 상태에서 그것도 제42차 유엔 여성지위위원회 회의 참석중이던 미국 뉴욕에서 말 그

윤후정 대통령직속 여성특별위원회 초대 위원장은 취임 이래 평생 연구해 온 헌법 기본인권의 정신을 바탕으로 '여성차별신고센터'를 신설하고 '남녀차별 금지 및 구제에 관한 법률'을 제정하는 등 남녀 평등 사회 구현을 위한 법·문화 발전에 큰 획을 그었다.(1998)

대로 그는 임명을 '통보' 받았다. 1998년 3월 6일 정식 발령을 받은 후 1999년 3월 8일 임기를 1년 앞두고 "할 만큼 했다" 며 자진사퇴한 유일무이한 선례를 남긴 윤명예총장. 반면, 그 1년여의 행보는 '남녀차별금지 및 구제에 관한 법률' 을 제정하고, 여성 정책의 주류화 전략을 시도했으며, 향후 '여성부' 의 기초를 마련하는 등 한국 여성사에 큰 이정표를 남겼다.

"어떤 때는 내가 좀 형광등 같다. 정부 관계자로부터 뉴욕에서 열리는 유엔 여성지위위원회 회의에 정부 수석대표로 갔으면 좋겠다는 연락을 받았다. 처음엔 왜 갑자기 나더러 가라고 하느냐고 했지만 당시 정무(제2)장관실이 없어져 여성 부서가 전무한 상황이었고, 그것도 28일 출발 예정 하루 전에 연락이 와 '긴급하게 국가가 필요로 할 때 봉사해야지 어쩔 수 없구나' 라는 생각에 응했다. 지금 생각해 보면 초대 위원장 임명 직전의 포석이었던 셈인데……."

3월 2일 회의를 시작하는데 기조 연설문조차 마련돼 있지

않은 상태였다. 그는 정부측에 요청해 함께 간 장필화 이화여대 여성학과 교수와 밤을 새워 연설문을 작성했다. 회의를 성공적으로 마칠 수 있었던 이면엔 "원어민 못지않게 품위 있는 영어 구사력을 지닌 장교수의 도움이 컸다"고 회상한다. 기조 연설문 발표 전 유엔 한국 대표부에서 원고를 미리 보자는 요청이 왔다. 연설문 중 일본군 위안부 문제를 언급한 데 대해 한국 대표부는 '삭제'를 요청했지만 그는 표현을 완화해서라도 이 문제를 꼭 짚고넘어가야 한다며 의견을 관철시켰다.

그는 전쟁 중 자행된 조직적 성폭행의 본질을 언급하면서 일본 정부가 이를 계속 사적 행위화하려는 시도를 한국 정부는 받아들일 수 없으며, 정부 차원에서 일본군 위안부 문제를 적절히 해결해야 한다는 것이 기본 입장임을 완곡하고 세련된 표현으로, 그러나 분명한 어조로 국제사회에 환기시켰다. 다른 나라 대표들은 물론 당시 회의에 참석 중이던 김영정 유엔여성차별철폐위원회 위원, 신혜수 한국여성의전화연합 대표 등 여성 NGO들의 호응도 대단했다. 처음에 까다롭게

굴었던 유엔 한국 대표부도 "가시 돋치지 않은 완화된 표현이었지만 사실 자체는 다 포함했다"고 만족해했다. 첫 유엔 회의 데뷔가 무난히 끝났음을 실감하는 순간이었다.

회의 시작 이틀 후인 3월 4일쯤 정부측에서 여성특위 위원장을 맡으라는 연락이 왔다. 그는 "나이도 많고 명예총장으로서 아직 할 일이 많다"며 고사했지만, 정부측 관계자는 "대통령이 그렇게 말씀하셨다"며 완강했다. 며칠간 별다른 연락이 없어 그 문제는 그대로 진화된 줄 알았는데, 14일 회의가 폐막되기 하루 전 정부 관계자가 국내 언론에 대통령직속 여성특별위원회 위원장으로 발표가 났다는 소식을 전하는 것이 아닌가.

후배와 제자들이 배웅하러 공항에 나온 자리에서도 그는 여성특위 위원장직 고사 의사를 밝혔지만 "발표가 이미 났는데 어떻게 안 하시겠느냐" "가셔서 최선을 다해 달라"는 호소에 결국 위원장직을 수락했다. 돌아오는 기내에서 정부 관계자가 건네준 신설 여성특별위원회 구상 자료를 통해 관련 규정, 행정 체계를 대강 훑어본 후 "도대체 이런 빈약한 기구

유엔 여성지위위원회 회의에 한국 수석대표로 참석(위) | 회의장에서 장필화 이화여대 교수와 함께(아래, 1998)

초대 대통령직속 여성특별위원회 위원장 임명장 수여식(위, 1998)과 현판식(아래, 1998). 김대중 대통령, 김종필 국무총리, 신낙균 문광부 장관 등과 여성계 인사들이 자리를 함께 했다.

로 어떻게 여성 문제를 해결해 갈 수 있나"라는 비관적 결론을 내렸음에도 불구하고……. 정부 청사에서 내준 달랑 한 칸의 사무실에서 학교에서 같이 간 비서와 함께 그는 여성특위에 대해 A부터 Z까지 새로 구상을 해나갔다. 처음 2, 3일은 너무나 황당해 혼자 가만히 생각에 몰두하곤 했다. 이것이 바로 대통령령으로 정한 바 국무총리실 산하에서 주로 여성 업무를 맡았던 기존 '정무(제2)장관실'에서 정부조직법에 의해 여성 관련 업무를 전담토록 정해서 탄생한 '대통령직속 여성특별위원회'의 첫걸음이었다.

그가 대통령직속 초대 여성특위 위원장 시절을 회상할 때 가장 보람있게 생각하는 것은 정부 전 부처에 여성 정책 주류화의 초석을 놓았고, 기관별 여성 대표성을 주장함으로써 여성할당제의 물꼬를 텄으며, 남녀차별금지법을 제정하고, 향후 '여성부'를 준비했다는 것이다. 그러나 이 모든 것은 결코 쉽게 이루어지지 않았다. 내부적으로는 그 스스로 "여성 전체를 위한 일이니 내 모든 자존심을 땅에 떨어뜨려 놓고 하자"는 결단이, 외부적으로는 지원 요청 통로가 딱히 없어

사방팔방, 직·간접적으로 SOS를 치는 액션이 필요했다. 당시 여성특위의 위상상 서럽고 불편한 것이 한두 가지가 아니었다. 부처별로 장관은 장관끼리, 차관은 차관끼리 논의를 하게 마련인데 장관급 위원장에 '사무처장'만 있는 직제의 한계상 당시 차관급인 예산청장과 예산 증가 요청 문제를 의논하려 해도 의논을 할 수가 없는 처지였다. 그는 정부청사로 달려가 예산청장이 보일 때까지 두 시간여 동안을 차 안에서 기다리기도 했다.

이처럼 맹목적으로 뛴 결과, 여성특위는 예정된 액수보다 2배 가량 예산이 증액됐고, 사무실이 마땅치 않아 문화관광부 8층의 절반 정도를 빌려 쓰다가 조달청으로 자리를 좀더 넓혀 가는 등 대내외적 위상이 차츰 높아졌다. 초미니 부서로 의기소침해 있던 직원들의 사기도 점점 올라갔다. 이런 갖가지 시도 끝에 여성특위를 장기적으로 발전시키려면 결국 대통령의 결단이 필요함을 절감했다. 그는 영부인 이희호 여사를 찾아가 대통령과의 면담을 주선해 줄 것을 요청하면서 왜 여성특위 위원장으로서 대통령을 직접 만나야 하는지에 대해 자세히 설명했다.

"이런 기구론 제대로 일할 수 없다. 예산도 적고 집행력도 없는 데다가 국무위원이 아니니 국무회의에서 발언도 제대로 하지 못하고 어쩌다 발언하면 눈총이나 받는다. 그런데 여성계는 굉장한 기대를 갖고 바라보고 있고……. 도대체 내가 뭘 할 수 있겠나"라고. 이희호 여사는 그의 말을 낱낱이 메모했다. 그리고 이틀 안에 청와대로부터 연락이 왔다.

김대중 대통령과의 면담엔 조규향 청와대 사회복지수석이 배석했다. 9월 초 1시간 여에 걸친 대통령과의 면담에서 그는 대선 후보 시절 여성 정책 공약과 취임사에서 언급한 여성 정책 의지를 들어 '국민의 정부'는 여성 능력을 개발하고 가정과 직장, 사회에서의 남녀 차별 장벽을 제거하며 특히 정치 분야에 여성을 많이 진출시키겠다고 했는데, 이를 "실질적으로 실천해 주는 게 여성특위의 역할 아니냐"는 말로써 포문을 열었다.

" '대통령직속'이란 면에서 장점은 많지만 현실적으로 대통령께서 어떻게 일일이 여성특위 사안을 챙길 수 있겠느냐고 말씀드렸다. 여성특위가 제대로 역할을 할 수 있도록 힘을 실어 주고, '여성부'로 만들어 주고, 또 남녀차별금지법을 제정케 허락해 달라고 요청했다. 특히 공약에 내건 대로 정부 산하 각 위원회에 2000년까지 20%, 그 이후에는 30% 여성할당을 지키게 해달라고 말씀드렸다.

대통령께선 '법이 금지하지 않은 사안에 대해선 대통령을 믿고 힘껏 뜻을 펼치라'고 말씀하시며 배석한 조수석에게 오늘 얘기 나눈 내용이 잘 시행되도록 협조해 달라고 하셨다. 이후 국무회의에서도 여성특위를 잘 도와달라는 당부를 했다."

대통령과의 면담 후 여성특위는 본격적으로 기지개를 켰다. 단, 김대중 대통령은 여성부 신설에 대해서만은 "여성특위가 생긴 지 얼마되지 않으니 조금 지나서 보자"며 유보적 입장을 취했다. 그는 여기서 행정 기구로서의 여성특위의 한계를 보완해 줄 여성부가 머지않아 발족할 것이란 것을 예감했고, 여성부를 겨냥한 준비 작업에도 신경을 썼다.

대통령 직속 여성특별위원회는 양성 평등문화 정착뿐만 아니라 여성 인력을 사회 발전에 연계하는 다양한 시도를 추진하였다. 여성 자원봉사자 발대식 후 대통령 부인 이희호 여사와 함께(1998)

여성의 권익과 관계된 이슈, 물꼬를 트다

'국민의 정부'와 함께 대통령직속 여성특별위원회가 출범한 1998년, 사회적으로는 남녀간 민감한 사안들이 터져나오면서 성대결 양상으로 논쟁이 가열됐고, 결과적으로 이것은 여성특위의 필요성을 한층 절감케 하는 계기가 됐다. 그 대표적인 사례가 바로 군복무 가산점제 폐지 논란과 이에 따른 거센 후폭풍이다. 사이버상엔 이를 비난하는 악플이 넘쳐났고, 헌법소원을 제기한 여성들의 출신교인 이화여대 홈페이지를 비롯, 관련 여성 단체 홈페이지들이 해킹당하고 다운되는 일이 빈발했다.

사실 윤후정 명예총장은 여성특별위원회 위원장으로서 헌법소원이 제기된 1998년 10월보다 석 달 앞선 7월, 제32 · 34

회 국무회의에서 두 차례나 군복무 가산점제 문제를 제기해 이미 이슈의 물꼬를 텄다. 언론은 일제히 이 사실에 주목하여 '남녀 국무위원 대결' 하는 식으로 자극적인 타이틀도 등장했다. 그러나, 국무회의에서 군복무 가산점제의 문제를 제기하려면 적지 않은 심적 불편함과 어려움을 감수해야 했다. 여성특위 이전 정무(제2)장관실에서도 군복무 가산점제의 부당성에 대한 논의는 내부적으로 있어 왔으나 공식적으로 얘기를 꺼내지는 못했던 사안이라고 한다. 이런 상황에서 당시 신낙균 문화관광부 장관이 국무회의 석상에서 그를 지지해 준 것은 지금까지도 고마움으로 남아 있다.

"군복무 가산점이 너무 과도해 남성 합격률은 절대적으로 높은 데 비해 여성은 공무원 시험에 붙으려야 붙을 수가 없으므로 이제까지 군복무 가산점을 5% 적용했다면 이제는 적어도 2.5%로, 3% 적용했다면 1.5%로 내려서 적용하는 게 좋겠다는 의견을 피력했다. 그랬더니 국방장관, 보훈처장은 물론이고 군인 출신인 김종필 국무총리가 굉장히 경색된 표정을 지었고, 그날로 그 안건에 대한 논의는 중단됐다. 특정 안건이 국무회의시 논의가 중단되면 더 이상 상정하지 않는 것이 관례였는데, 난 그 다음에 또 그 안건을 꺼냈다. 정식 국무위원이 아닌 '장관급' 인데도 불구하고……."

이후 김종필 총리는 그를 특별히 불러 언짢은 기색으로 '그 문제를 다시 꺼내지 말라' 고 당부했다. 그는 "총리이신 상관께는 죄송하지만 한국의 전 여성을 대표해 여성 권익과 관계된 것을 얘기하지 않을 수 없다. 여성계도 많은 기대를 하고 있다" 고 대응했다.

군대와 관련된 또 하나의 가슴 철렁했던 기억은 국방부의 국군간호사관학교(국간사) 폐지 시도였다. 간호장교들의 호소에 따라 그와 신낙균 문광부 장관, 후에 16대 국회의원이 된 최영희 한국여성단체협의회장 세 사람이 천용택 국방부 장관을 면담했다. 당황한 기색이 역력한 천장관에게 "IMF 외환위기로 인한 구조조정에서 1차 타깃이 여성이 되듯 군대도 예외가 아니니다" 라고 말문을 열자, 천장관은 "국간사를 없애

세계인권선언 50주년 기념 국제 세미나(위, 1998) | 군복무 가산점제에 관한 긴급 토론회(아래, 1998)

도 간호 문제는 해결할 수 있다"는 논리를 펴기 시작했다.

"우리는 오만가지 이론을 다 끄집어내 반박을 했다. 국간사를 정 폐지하려고 한다면 육·해·공사도 다 구조조정해야 하지 않느냐고까지 했다. 결국 국방부의 국간사 폐지 시도에 브레이크를 걸었다."

'군복무 가산점제' 논란이란?

공무원 시험 남성에 일방적 특혜
1999년 헌법재판관 전원 일치 의견으로 위헌 판결

'제대 군인 군가산점제(군복무 가산점제)'는 1961년 제정된 '군사원호대상자고용법'에서의 제대 군인 우선 고용에서 출발, 1969년 채용 시험시 제대 군인에 한하여 과목별 시험 득점시 만점의 3~5%를 가산하도록 규정, 시행됐다. 90년대 들어 여성학의 전파와 여성운동의 활발한 전개에 따라 이 제도의 문제점이 가시화돼 논의되기 시작했다. 논란은 1994년 6월 이화여대 교수와 학생 2천6명이 청와대·총무처 등에 '7급·9급 공무원 채용 시험에 있어서 군복무 가산점제도 폐지'를 청원함으로써 본격적으로 점화됐다.

1997년 '제대 군인 지원에 관한 법률'을 제정, 1998년 8월 국무회의에서 시행령이 전격 통과됐다. 이에 여성 단체들은 "군복무 가산점 제도는 헌법상 보장된 평등 원칙에 정면으로 위배되는 불공정한 조치"이고 무엇보다 "여성을 비롯한 군미필자에 대한 국가의 구조적인 차별 정책"이라고 맹렬히 비난했다. 이와 함께 "채용된 후에도 호봉에 군경력이 포함되는 이중의 혜택을 누려 왔다"는 점도 지적했다.

1998년 10월 19일 7급 공무원 시험에 응시했다가 군복무 가산점에 의해 탈락한 연세대의 남성 장애우와 5명의 이화여대 졸업생이 이 법률에 대해 헌법재판소에 헌법소원을 제기했고, 1999년 12월 23일 재판관 전원일치 의견으로 위헌 판결이 나옴으로써 군가산점제는 결국 폐지됐다. 그러나 그 역풍은 상당히 거세어서 사회는 여성 대 남성의 대결 구도로 치달았다. 남성 네티즌들이 이화여대와 여성 단체에 격렬한 사이버 테러를 가해 사회문제가 됐고, 2000년 상반기엔 페미니스트들의 대응 토론회가 잇따랐다.

그러나, 군복무 가산점제 망령은 끈질겼다. 2005년 주성영 의원이 군복무 가산점 부활을 골자로 하는 '제대 군인 지원에 관한 법률' 개정안을, 2007년 5월 고조흥 의원이 제대 군인이 공무원 시험에 응시할 경우 과목별로 2% 가산점을 주는 병역법 개정안을 대표 발의하는 등 군가산점제 부활 시도는 지금까지도 끊이지 않고 있다.

마침내 남녀차별금지법이 제정되다

윤후정 명예총장의 타고난 정력적인 기질과 헌법학자로서의 경륜, 그리고 여성 의식과 이에 대한 소명 의식이 정부의 한 기관장으로서의 역할론과 행복하게 맞물린 최대 성과물은 아마도 남녀차별금지법의 탄생일 것이다. 이 법에 대한 그의 뿌듯함은 각별해 보통 사람들이 말하듯이 약식으로 '남녀차별금지법'이라고 말하는 법이 없었다. 그는 『여성신문』의 '다시 시작하는 이야기 여성사' 첫 주자로서 다섯 차례 10시간을 훌쩍 넘기는 릴레이 인터뷰에서도 이 법에 대한 얘기가 나오면 어김없이 '남녀차별금지 및 구제에 관한 법률'이란 정식 명칭을 사용하곤 했다. 남녀차별금지법은 그의 표현대로 "한국 여성사에 굵은 획을 긋는 한국 여성의 인권법으로 우리 사회에서 성차별을 받는 계층을 없앰으로써 진정한 민주주의를 실현해 나가는 계기를 마련한" 법이며 "여성 입장에선 자신의 능력과 실력을 마음껏 발휘할 기회를 갖게 됨으로써 여성 자원을 국력화할 수 있는 초석을 다지게 된 계기"가 된 법이기에 그 중요성은 가늠할 수조차 없다.

반면, 법이 통과돼 제정되기에 이르기까지의 과정은 진통과 극적 긴장감의 연속이었다. 때문에, 법률 소관부처 수장인 그조차도 법안이 국회를 최종 통과했다는 낭보를 1999년 1월 6일 한국여성개발원에서 열린 여성 지도자 신년교례회장에서 들었을 정도였다.

법안 통과의 최대 난항은 자문기관적 한계를 지닌 여성특위의 성격상 준사법적 권한을 부여할 수 없다는 논리, 그리고 후에 대대적으로 뜨거운 이슈가 된 '(직장 내) 성희롱' 규정 삽입 문제였다. 특히 후자의 경우, 성희롱 문제는 개개인에게 맡길 사안으로 법 규제가 지나치다는 의견이 많았다. 전자의 경우, 헌법학자의 이력으로 여성발전기본법 등 다양한 법률의 내용들을 집행하는 면 등을 들추어서 여성특위가 집행기관과

대통령직속 여성특별위원회에 설치된 여성차별신고센터 현판식(위, 1998) | '남녀차별금지 및 구제에 관한 법률' 설명회(아래, 1999)

행정기관적 성격도 갖는다고 설득했으나, 성희롱의 경우엔 정서적 부분과도 맞닿아 있어 설득 작업이 매우 까다로웠다.

"평소 여성에게 호의적이었던 남성 의원들의 동의조차 얻기 힘들었다. 여기서 여성 문제의 구석구석에 가면 시각이 달라지고, 관념과 가슴이 다르다는 것을 절감했다. 정말 배 고파서 젖 달라, 밥 달라 졸라야 하는 사람의 입장과는 다르다."

법안 통과 가능성이 상당히 비관적이라는 전망이 나오고 있는 가운데 그는 나름대로 힘껏 국회의원들을 상대로 '로비'를 펼쳤다. 주로 의원회관 복도에서나 주차장에서 관련 의원을 만날 때까지 하염없이 2시간이고 3시간이고 무작정 기다리는 '시간 투자'가 그의 방식이었다. 때론 보좌관을 붙들고 직접 호소하기까지 했다. 차명희 사무처장, 박우건 차별개선조정관 등 실무자들과 말 그대로 의원회관에서 살다시피 했다.

국회 이전엔 관련 부처들간 조정과 협력이 상당히 까다로

6 종합 여성신문

여특위, 남녀차별금지법 시행 1주년 평가

"남녀차별·성희롱 공론화시켰다"

남녀차별금지법 개정 논의, 장관직속 남녀차별개선위 상설로 강화 예정

성희롱예방교육 강화 필요성 제기

대부분 형식적교육에 그쳐… 시범부는 '전무'

제5회 여성주간 유공자 포상

남녀차별금지법의 사회적 기여도를 평가한 기사(위, 2000) | '남녀차별금지 및 구제에 관한 법률' 제정 축하회(아래, 1999)

윤후정 명예총장은 남녀차별금지법 제정 공로로 1999년 여성특위 위원장 퇴임 후 한국여성단체협의회로부터 제15회 '올해의 여성상'을 수상했다. 사진은 '올해의 여성상' 수상 직후 정의숙 이화학당 명예이사장, 김정숙 · 최영희 전 의원 등과 함께(1999)

웠다. 특히 법무부가 인권법 제정과 관련, 후에 설치될 인권위원회의 여성차별 부분과 중복되는 문제 때문에 균형을 맞추라는 요구를 끈덕지게 해와 힘들었다. 그 후 마지막 고비는 국회 법제사법위원회 소분과에서 차별 행위에 대한 강제적 '시정명령권'을 삭제하지 않으면 법안을 통과시켜 주지 않겠다고 강경하게 나왔을 때였다. 당시 그는 40여 분을 묵묵부답 가만히 서 있었다고 한다. 그러나 사실은 속으로 울고 있었다. 이렇게 해서 "눈물을 머금고 '시정권고권'으로 타협"했다.

"법안 통과 과정에서 심지어는 일부 여성 의원들도 거부감을 보였다. 누구라고 밝힐 수는 없지만 소관위 여성의원실 문밖 복도에서 3시간을 꼼짝 않고 기다렸는데, 문을 열고 나오자마자 내 손을 뿌리치고 사라져 버릴 때의 심정이란……. 그 사람도 전문가로서 나름대로 논리가 있어 반대했겠지만 같은 여성의 입장에서 정말 섭섭했다."

'산파'로서의 고통이 남달랐던 만큼 남녀차별금지법에 대한 그의 자부심은 각별하다. 시정명령권이 원안에서 빠진 데 대한 아쉬운 소회도 상당할 듯하지만 그는 굳이 "난 '아쉽다'는 말보다는 '다소 아쉽다'고 말한다"고 선을 긋는다. 법에 명시된 시정권고권은 미약한 권고 수준이 아니라는 것이 그의 요지다. "특별한 이유를 소명하지 못하는 한 권고에 응해야 하고, 상대방이 입증의 책임을 갖고 있다"는 것을 뜻하기에 '준시정명령권'을 가진다고 해석을 넓힌다. 이에 더해 여성특위가 직권조사를 할 경우, 이를 방해하면 처벌도 받게 돼 있다는 점을 짚고 넘어간다.

여성특위 위원장 시절은 "70년대 여성 문제 연구와 이론화 작업을 행위로 실천하는 계기를 가지게 됐다"는 점에서 그에게 큰 의미를 가진다. 그리고 그는 더 나아가지 않았다. 남녀차별금지법이 제정·공포되자마자 잔여 임기를 1년여 남겨놓고 "내가 할 일은 어느 정도 했다"며 자진사퇴했다. 마침 고된 미국 유학생활에서 얻은 지병인 허리가 다시 아파오기 시작하던 차였다. 이와 같은 자진 사퇴는 그 이전에도 이후에도 없는 여성 공직자로선 극히 드문 예였다.

한국 여성의 인권법 '남녀차별금지 및 구제에 관한 법률'은?

성희롱 · 성차별에 대한 공적 제재 '신호탄'

"남녀차별과 성희롱을 우리 사회에 공론화시켰다"는 평가를 받은 '남녀차별금지 및 구제에 관한 법률'(남녀차별금지법)은 1998년 12월 3일, 대통령직속 여성특별위원회(여성특위)가 추진한 원안을 기본으로 국민회의와 자민련 의원 159인의 입법으로 국회에 제출됐다. 이후 국회 통과를 거쳐 1999년 2월 8일 제정돼 같은 해 7월 1일부터 시행됐다.

총 5장 39조항으로 구성된 법의 핵심은 여성특위가 성차별 조사 권한과 조정 · 시정 권고 권한, 그리고 고발 권한을 가지게 됐다는 것이다. 여성특위는 피해자의 신고 혹은 직권으로 성차별 공공기관과 사업장을 조사할 수 있고, 해당 기관은 자료 제출과 때에 따라 여성특위 출석의 의무가 있다. 여성특위가 권고하는 시정 조치는 ▲남녀차별행위 중지 ▲원상회복 손해배상 ▲재발 방지를 위한 교육 및 대책 수립 ▲일간신문의 광고란을 통한 공표 등이었다.

그러나 남녀차별금지법은 아쉽게도 2005년 폐지된다. 그 해 6월 여성부가 여성가족부로 개편되면서 성희롱 예방교육 관련 업무만 제외하고 소관 법률에 따른 성희롱, 성차별 등 기존 업무들이 모두 국가인권위원회 차별금지 업무로 통합된 데 따른 것이다. 이에 따라 법무부는 포괄적인 '차별금지법안'을 마련해 2007년 10월 2일 입법예고했으나 논란이 끊이지 않고 있다. 배경은 법안이 "합리적인 이유 없이 성별 · 장애 · 연령 · 인종 등을 이유로 정치적, 사회적, 경제적, 문화적 생활의 모든 영역에서 차별을 금지하는" 내용을 골자로 하고 있으나, 원안에 명시되었던 20개의 차별 사유 중 성적(性的) 지향, 출신 국가, 가족 상황 등 7개 사유를 삭제한 때문이다.

2006년 11월 성폭력상담소 · 여성민우회 · 여성의전화는 여성가족부와 국가청소년위원회의 통합을 반대하는 토론회를 열어 "여성부 정책의 근간이 됐던 남녀차별금지법이 폐지되면서 여성가족부의 주된 정책이 가족과 보육 업무에 집중됐다"며 이 때문에 "성평등, 여성 인권, 여성 인적자원 개발을 지향하는 여성 전담 부서로서의 정체성이 변질됐다"고 비판했다.

결국 남녀차별금지법은 여성 전담 부서로서의 정체성과 우리 사회 성차별 감수성을 가늠하는 바로미터였던 셈이다.

IV부

대한민국 여성 교육의 비전을 제시하다

그는 여성들이 스스로의 '알'을 깨고 좀더 성숙한 단계로 가기 위해서는 자유주의적 혹은 사회주의적 입장 등 다양한 입장에서 여성관에 대한 논의가 많이 나와야 한다고 보았다. 이를 통해 그가 궁극적으로 추구하는 것은 '통합 여성'(전인적 여성, integrated woman)이다. 그러나 통합 여성이 가능한 통합 사회로 가기 위해선 안티테제(反定立) 단계에서 다양한 이견이 있을 수밖에 없다는 생각이다.

이화여대의 역사는
곧 한국 여성의 근현대사

윤후정 명예총장은 반세기를 '이화'와 동고동락했다. 그를 다룬 책 제목대로 '이화와 더불어 한국 여성을 바꾸어 온 오십 년'이지만, '이화'는 특정 대학을 넘어 어떤 면에선 그에게 여성 교육의 가능성과 비전을 상징하는 '보통명사'일 것이다. 그는 이화여대의 120년 역사를 근현대사적 맥락에서 다음과 같이 4단계로 구분한다.

1886년 스크랜튼 여사에 의해 세워진 한국 최초의 근대식 여학교인 이화학당 첫 교사. 이화학당의 설립을 시작으로 전통적으로 가정에만 묶여 있던 여성들이 학교로, 교회로, 사회로 진출할 수 있는 계기가 마련되었다. 이렇듯 이화학당은 새로운 여성 교육의 전기를 마련한 근대 여성 교육의 선구적인 존재였다.

"이화여대의 역사를 여성사적 의미에서만 보려 하는데 좀 서운한 면도 있다. 이화여대의 역사야말로 한국 근현대사에서 정식으로 깊게 다루어져야 한다.

이를 4단계로 나누어 보자면, 첫 단계는 한국 여성 근대 교육의 원년이라는 것이다. 이것은 곧 여성도 인간의 존재성을 가진 사람임을 인식케 한 계기이기에 '인간 엑소더스' 역사가 시작됐다고 말하고 싶다. 가부장적 한국 사회가 무지와 편견에서 탈출해 새 역사를 열기 시작했다는 것이다. 두 번째 단계는 여성들이 교육을 통해 자아를 발견하고, 주체성을 의식해 봉건적 문화에 반기를 들고, 민족에 봉사하는 계몽운동을 사회 각 분야에서 전개하는 개화의 선구자가 된 시기다. 세 번째 단계는 민족 수난기 시대부터 반제국 자주화 운동과 여성운동의 선구자 역할을 한 시기다.

마지막으로는 두꺼운 성차별 장벽을 무너뜨려 가면서 의대·공대에 이르기까지 여성에게 비전통적인 분야로 광범위하게 전공 분야를 개설하면서, 세계에서 제일 큰 규모의 여자대학으로 성장하고 있는 오늘이다. 거슬러 올라가면 1945년

해방되자마자 당시 김활란 총장께서 종합대학으로의 인가를 첫 번째로 신청하셨던 것이야말로 상징적 사건이다. 1946년 인가가 나오기까지 어떻게 여대에 첫 인가를 주느냐 하는 논란도 있었지만……. 해방 전후해 수많은 '최초' 여성을 배출한 산실이 되지 않았는가."

그는 "일부에선 이화여대의 설립자가 서양 선교사이기에 민족 정서상으로 어색해 하기도 하지만, 설립자 스크랜튼 여사야말로 신의 사랑에는 인종, 국적, 성 차별이 없다고 생각한, 인류애가 참으로 강한 여성이었다"며 "한국인을 보다 나은 한국인으로, 한국적인 것에 긍지를 갖는 한국인으로 만드는 게 그의 주요한 교육 목표 중 하나였다는 사실이 놀랍지 않은가"라고 반문한다. 그래서 첫 이화학당의 교사가 한국 전통 가옥이란 것이 지금도 감격스럽다.

그가 분석하는 이화의 의미와 정신은 그의 여성관에 밀접히 맞닿아 있다. "여성도 정말 인간답게 살아야 한다. 태어나면서부터 차별받는다는 것 자체가 바로 '불의'다"라고 규정하는 그의 어조는 단호하다. 지난 1975년 벽두 크리스찬 아카데미 '대화' 모임 세미나를 계기로 발현한 그의 여성 이론은 진보적인 남성 학자들에게도 "너무 과過하다"는 불편함을 주었고, 급진적 여성학자들에겐 남녀를 동반자 관계로 설정하는 통합론적 측면이 불편함을 주었다. 그는 메리 데일리처럼 여성 분리주의적 입장에 선 후자의 비판에 대해선 "시각적으로 좀 화끈한 맛이 없다는 거겠지……"라면서도 "사실을 알고 보면 내용적으로 참 화끈한 거다"라고 덧붙인다.

그는 여성들이 스스로의 '알'을 깨고 좀더 성숙한 단계로 가기 위해서는 자유주의적 혹은 사회주의적 입장 등 다양한 입장에서 여성관에 대한 논의가 많이 나와야 한다고 보았다. 이를 통해 그가 궁극적으로 추구하는 것은 '통합 여성'(전인적 여성)이다. 그러나 통합 여성이 가능한 통합 사회로 가기 위해선 안티테제反定立 단계에서 다양한 이견이 있을 수밖에 없다는 생각이다. 여성 문제와 여성운동에 있어 잘못된 부분을 고치기 위해 기존 모순점을 자꾸 들춰내고 문제를 제기하는 단계는 필연적이다. 이것을 넘으면 "남녀 구별할 것 없이 힘을 합해 함께 사회적 부조리와 모순을 해결해 가는 진테제 통합적 定立 단계로 자연스럽게 옮겨 간다"는 것. 지금까지도 안티테제의 진통이 계속되고 있다고 보기에, 이 맥락에서 여성 문제나 정책 관련 부서, 여성 그룹이 굳건한 정체성과 여성주의적 시각을 견지하는 것이 필요하다고 본다. 여기서 또 한번 '여자대학'의 존속과 비전이 무한할 수밖에 없다는 사실이 부각된다.

"이화여대 100주년을 기념하는 1986년 학술대회에서 여자대학의 비전에 대해 이미 대답했다. 지금도 역시 유효한 답 같다.

여대의 정체성을 가지고 갈 길은 아직도 멀고, 해야 할 일 역시 아주 많다. 우선, 페미니즘이 왕성하게 대중화된 시대에도 통합 여성을 실현하기 위해서는 의식과 실현 사이에 갈등 단계가 있게 마련이다. 이를 위한 가정과 사회의 여건도 형성돼야 한다. 여성 문제의 본질은 알았으나 구체적으로 이를 실현하기 위한 방법과 환경 마련은 아직도 탐색 중인 것이다.

이화여대 창립 100주년 기념식(위·아래, 1986)

다음으로는 1994년 총장 시절에 이미 21세기 이화발전 청사진을 제시하고 100대 과제를 발표한 바 있지만, 학문에 있어 여성 고급 두뇌를 배출하고 세계적 대학으로 가야 하는 사명이 있다. 남성을 능가하는 위대한 사상가·철학자·석학·전문의·발명가 등에서 여성 비율을 따져 보라. 아직도 남성에 비해 미미하다. 최근 이화학술원이 개설됐지만 우리도 '이화학파'를 당당히 형성해야 한다.

세 번째로 여성에게 유리 천장은 아직도 높다는 것이 주요 이유다. 국가를 움직이는 핵심 부서에 결정권을 갖는 여성 지도자, 한국을 넘어 세계로 도약하는 여성 지도자가 얼마나 되는가.

마지막으로는 엄청난 과학 기술 혁명과 정보화 우주 시대는 심각한 인간 소외, 비인간화 현상을 가져온다. 이러한 사회적 갈등, 특히 민족 분단의 시대에 기독교적 가치에 근거한 치유와 평화 지향적 문제 해결자를 배출하는 역할이 있다고 본다."

기독교 정신에 입각해 설립된 이화여대의 진정한 목적은 진(사랑) · 선(공의) · 미(헌신)를 갖춘 인재를 배출하는 것이라고 확신하는 그는 구체적으로는 덕과 재능을 겸비한 인재를 키워내는 것이라고 단언한다. 너무나 이상적이지만 꼼꼼히 따져보면 현실적이다.

"늘 말하곤 한다. 재능이 있지만 덕이 없으면 이기주의자가 되고, 덕은 있지만 또 재능이 없으면 남에게 별 도움이 안 된다고."

평생 이화를 중심으로 여성 교육의 비전을 고민하고, 이를 세워 온 그에게 가르치고 후학을 양성하는 것은 아마 숙명이었던 듯하다. 이미 초등학교 4학년 때 야마자키란 일본인 여교사가 불쑥 그에게 교단에 나와 동급생을 가르치라고 지시해 얼떨결에 이를 수행했던 기억이 남아 있다. 이후 학부 4학년 때 김활란 총장이 동기생들 앞에서 「여성과 직업」 시간에 여성의 법적 지위에 대해 강의를 하라고 해서 교단에 선 적이 있다. 그는 "지금 생각해도 이상한 숙명이야……. 김활란 선생님도 참 독특해"라고 말하지만, 국문과 교수를 역임한 모씨 등 당시 그의 강의를 들은 동기들은 지금도 서로 만나면 "우리 자존심을 팍 죽인 아이"라고 농담삼아 말하곤 한다.

학생들의 제적을
내 사표와 맞바꾸어 달라

윤후정 명예총장은 특정 제자의 이름을 언급하는 것을 상당히 불편해한다. 시기마다, 상황마다 인상적인 추억은 있으나 제자들에 대한 마음은 나름대로 다 각별하기 때문. 그 중 한 가지는 1965년의 한 · 일회담 비준 반대 운동으로 시작된 6·3사태 당시의 기억이다.

이화여대에서는 총학생회장 진민자(현 청년여성문화원 이사장), 법학과 학생회장 차명희(현 한국가정법률상담소 이사장), 법정대 학생회장 신인령(전 이화여대 총장)이 주축이 돼 한 · 일회담 반대 운동을 "정말 당차게들" 했다. 1차 유학 직후 법학과 과장서리를 맡고 있던 그는 과학교육과장인 한상준 선생과 함께 학생들의 피해를 최소화하기 위해 각각 신인령 ·

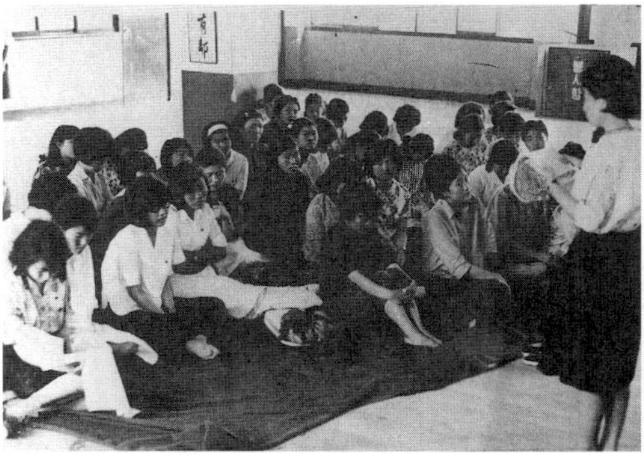

이화여대생들의 한일협정 반대 시위(위, 1965) | 학생운동을 주동했던 진민자(아래 서 있는 사람)

진민자 학생을 맡았다. 신인령을 집으로 데려와 보호하다가 차명희와 함께 한일관에 가서 냉면을 사주고 돌아오는 길에 과격 학생에 대한 지명 수배령이 전국적으로 내려졌다는 뉴스를 듣고 김옥길 선생에게 부탁, 자금을 마련해 학생들을 피신시켰다. 전국학생운동연합이 이화여대에서 발의되는 등 이화여대생들이 주축이 돼 한 · 일회담 반대 운동을 전개하면서 펴는 주장과 행동이 '옳고 대견해' 보였기에 이를 적극적으로 만류하지 않던 차였다.

신인령을 피신시킨 직후 형사들이 쌀통 뒤까지 샅샅이 뒤지고 갔고, 학교에서는 사태 수습을 위한 교무회의가 열렸다. 김활란 이사장, 김옥길 선생, 서은숙 총장서리, 이태영 법정대 학장이 참석한 자리에 학생들의 보호를 맡았던 그와 한상준 선생이 불려갔다. 주동 학생들을 제적하라는 지시가 내려왔음을 예감하고, 그는 준비해 갔던 사표를 조용히 내밀었다.

"'나는 이미 대학과 대학원을 나왔고 선생도 되고 했으니 나 혼자서 공부할 수 있고 일자리도 찾을 수 있지만, 젊은 이

민주화운동 당시의 신문 기사를 설명하는 윤후정 명예총장(2007)

학생들은 아직 대학도 안 나오고 여기서 학업을 중단하면 인생에서 회복하기 어려운 고비를 맞게 된다. 그러니 이 학생들의 제적을 내 사표와 맞바꿔 달라' 이렇게 호소했지요. 다행히 문교부의 심한 압력에도 불구하고 이들 학생은 논란 끝에 무기정학을 당하고 동기생들보다 1년 늦게 졸업했어요."

법정대 학장이던 1980년 5 · 17 쿠데타 당시 캠퍼스에서 전국학생회의가 열렸다. 그는 회의에 참석했던 남학생들은 거의 다 도망가고 뒤에 남은 여학생 대부분이 경찰 호송버스에 잡혀 있다는 소식을 듣고는 맨발에 작업복 차림으로 학교로 달려갔다. 그 곳에서 현장을 지휘하던 경찰서장에게 정의숙 총장과 함께 여학생들을 풀어달라고 호소했다. 이것이 여의치 않자 그 자리에서 서슬 퍼런 보안사로 달려가 학생들의 석방을 간청, 결국 붙잡혀 있던 학생 모두를 데리고 나와 총장 공관에서 저녁을 먹이고 집에까지 데려다준 일도 있었다.

혼란의 시기, 이처럼 학생들의 희생을 최소화하고 보호하는 것은 이화여대의 하나의 전통이 되었다.

서울대 법대
부럽지 않은 법대로!

법대의 부흥 역시 윤명예총장의 역사에서 빼놓을 수 없다. 1970년대 후반부터 1996년까지 그가 법학과 과장에서 이화여대 최초의 직선 총장으로 총장직을 역임하기에 이르기까지의 20여 년은 이화여대에 극적인 변화가 많이 일어났던 시기다. 가장 큰 변화 중 하나는 전국 대학 중 5위를 차지할 정도로 사시 합격생을 많이 배출, 법조계 우먼파워를 형성하는 성장 동력을 마련했다는 점일 것이다.

"학과장이 됐을 때 법대가 생긴 지 20여 년을 훌쩍 넘겼지만, 고시 합격생을 배출하지 못했다. 이렇게 되면 법학적 교양인은 많이 나오지만 전문인은 나오기 힘들겠다는 생각에

법학과 과장에 취임한 후 고등 전문인으로서의 법조인 배출이라는 법학과 정체성 확립에 열정을 쏟았다.(1973)

다급해졌다. 법대가 사실상 반쪽 기능밖에 못하다니…….

그러나 당시 이화여대 고시생들의 생활은 옹색했다. 대학을 졸업했으니 기숙사에 들어갈 수는 없고 학교 뒤 빈 집에 몇몇 학생들이 함께 자취 생활을 했는데 매우 궁색했던 것으로 기억한다. 허름한 집에서 자취하다 연탄가스를 마시고 질식해 큰일 날 뻔한 학생도 생겼다. 그래서 이 학생의 요양과 생활을 위해 후배인 당시 사감선생에게 사정사정해서 사감방에서 같이 숙식을 하며 공부하게 했다. 원래는 기숙사에 들어가길 원했지만……. 사실 이화여대가 인정은 많지만 지금도 그렇고 예전에도 원칙에는 야박할 정도로 에누리가 없는 학교지요." (웃음)

그는 당시 김옥길 총장께 호소했다. "여학생들이 고시에 합격 못하는 것은 능력이 부족해서가 아니다"라며 "우리 사회의 구조상 여성이 법조계에 진출하려면 남성보다 더 많은 지원이 필요하다. 그러니 법과에 할당된 과비를 사용하게 해 달라"고. '원칙론자인' 김옥길 총장은 단번에 "안 돼" 하셨다. 그러나 스승은 고개를 떨구고 어깨를 축 늘어뜨린 채 나가는 제자를 보고 "이봐, 이봐" 하며 다급히 불러세웠다. 그러면서 자신의 주머니를 털어 30만 원을 주는 게 아닌가. 당시로선 꽤 큰 돈이었던 그 돈으로 대여섯 명의 고시생들이 도움을 받았다. 이후에도 김옥길 총장은 또 한번 30만 원을 건넸다. 이런 빠듯한 상황에서 1975년 첫 고시 합격자가 탄생하고, 뒤이어 1978년 두 번째 합격자가 나오게 된다.

첫 고시 합격생으로서 스승을 감개무량케 하고, 수십년 후 '사회의 가치관과 국가의 기본 질서에 대한 최종 심판자의 역할을 하는' 헌법재판관에 여성으로서 처음 임명됨으로써 역사적 변화를 예고했던 제자는 첫 여성 헌재소장의 꿈을 접어야 하는 아쉬움도 함께 남겼다. 2차 유학을 다녀온 후 4학년 수업을 맡았을 때 전효숙 씨와 첫 대면한 그는 "별로 말이 없고 아주 조용하면서도 상당히 알차게 공부하는 학생"이었다고 기억한다. 전형적 판사 스타일이라고 그때도 예감했었다. 첫 여성 헌법재판관이 됐다는 소식을 듣자마자 즉시 축하 전화를 해 격려를 아끼지 않았던 스승은 이런저런 정치적 이유로 헌재소장의 꿈이 좌절된 후 제자가 미국으로 떠날 때도 역시 위로와 격려를 아끼지 않았다.

“떠나기 전 그를 만나 마음이 얼마나 아프겠느냐, 그러나 극복할 수밖에 없다고 말했다. 사노라면 뜻밖의 복병과 험한 장벽을 만날 수 있는데, 이를 잘 극복해 다른 방면으로 사회와 국가에 공헌하는 계기로 삼았으면 좋겠다고 당부했다. 그는 자기 변명도, 남 원망도 하지 않은 채 묵묵히 있었다…….”

5·17 때문에 한 해 늦춰 1981년에 열린 법정대 창립 30주년 기념 행사에서 그는 법정대 재건과 발전의 청사진을 제시하면서 본격적으로 시동을 걸었다. 그의 호소는 ‘법정인의 밤’에서 즉시 효력을 발휘, 동창회와 이영회에서 당시로선 상당한 액수인 1,000만 원 가량을 모금했다. 그 종자돈으로 우수 학생을 유치하고 고시 기숙사인 ‘솟을관’을 만드는 한편, 고시 특강을 열고 장학제도를 마련하는 등 특화 지원의 기틀을 마련했다. 이때 지원을 받은 10여 명의 학생들 중 연이어 외시(오영주)·행시(황선화)에서 첫 합격생이 나왔고, 다수가

법정대학 창립 30주년 기념식. 이 자리에서 윤후정 법정대학장은 법정대 재건과 발전의 청사진을 제시해 법대 발전의 기틀을 마련하였다.(1981)

사시에 합격했다.

이 성과를 토대로 정원을 2배가량 증원 요청하면서 이에 걸맞게 우수 교수들을 적극적으로 영입해 '서울대 법대 못지 않은' 모양새를 만들어 나가기 시작했다. 이런 것이 밑거름이 돼 1980년대 중반 이후 다수의 사시 합격생을 배출하기 시작, 2000년 한국대학교육협의회(대교협) 주관 평가에선 '전국 최우수 법과대학'으로 선정되기도 했다.

그의 후학들은 노동법의 대가인 신인령 전 이화여대 총장, 여성 첫 법제처장을 기록한 김선욱 이화여대 법대 교수를 비롯해 박은정 서울대 법대 교수, 최근 한국젠더법학회를 창립한 김엘림 방송통신대 법대 교수, 이주향 수원대 교수(철학), 차명희 한국가정법률상담소 이사장과 곽배희 소장, 양정자 대한가정법률복지상담원장, 1991년 사시에 수석 합격한 김은미 변호사, 금덕희 판사, 문미란 국제변호사 등 법학계와 법조계에 고루 퍼져 있다. 타 대학 법대 학장을 역임한 후학만 해도 곽상진(경상대) · 고정명(국민대) · 김숙자(명지대) · 오선주(청주대) 등 여럿이다.

법정대학 창립 30주년 기념식에서 역대 학장 선생님들과 함께. 가운데가 한국가정법률 상담소를 설립한 고 이태영 박사(위, 1981) | 법조계 제자들과 함께(아래, 2001)

21세기 여성의 시대, 세계적 명문대학으로의 도약

1990년 그가 58세가 되던 해, "정말 총장이 되리라고는 생각지도 못했던" 윤후정 명예총장은 압도적 지지로 모교의 첫 직선 총장이 되었다. 그도 그럴 것이 당시에는 60세만 되어도 총장 후보가 될 수 없는 것이 '관행'이던 때였다. 임기 6년 동안 그는 한계가 없는, 또한 막힘없는 사고의 바탕 위에서 실사구시實事求是의 정신으로 이화의 블루 오션을 개척하기 시작했다.

대표적인 실례가 세계 여성 교육기관 중 최초로 1996년 공대를 설립한 것이다. "통째로 크게 한번 도와주십시오"라는 그의 요청에 현대그룹 정주영 회장이 흔쾌히 100억 원 상당의 공대 건물(현 아산공학관)을 무상으로 지어줬다. 당시 정회장은 "서울대 건물은 국가가 지어주고 연·고대 건물은 남자 동문들이 지어 주는데 이화여대는 누가 지어 주겠는가 하고 생각했다"는 말로 그에게 깊은 인상을 남겼다.

"나는 이상하게도 성격이나 외모와는 달리 모금을 많이 한 사람이 되었다."

그는 총장 재직시 2년 동안 대학발전기금으로 730억 원을 모아 주위를 놀라게 했다. 21세기 세계 명문대로 도약하는 데에는 엄청난 규모의 재원이 필수적이라고 생각했기 때문이다. 1994년부터 모금 작업에 박차를 가하면서 삼성그룹 이건희 회장, LG그룹 구자경 회장, SK텔레콤 부회장을 비롯한 임원진 등 대기업 관계자들을 힘닿는 데까지 찾아다니며 이화여대에 대한 지원을 호소해 상당한 성과를 이끌어냈다. 이화-SK텔레콤, 이화-삼성문화관 등의 유형적 결과물도 중요하지만, 경제를 이끄는 중추 세력들에게 "이화는 더 이상 60~70년대의 이화가 아니다. 놀랍도록 빠른 속도로 변하고

제10대 총장에 취임한 윤후정 총장은 취임사에서 실력과 덕성을 겸비한 재승후덕한 여성, 창조적 전문 여성, 민족과 역사의 어머니로서의 21세기 이화인상을 제시하고 이를 추구해 나갈 것을 다짐하였다.(1990)

있다”는 인식을 확산시킨 것 또한 그에 못지않은 성과였다.

1995년 대교협의 대학종합평가인정제 심사 결과 ‘최우수 대학’으로 선정된 것은 그의 임기 마무리에 하나의 큰 방점을 찍은 ‘사건’이었다. “사립 여대로서의 약점을 극복하고 강점을 최대한 활용해 비약적인 발전 가능성을 보여주었다”는 것이 총평이었다. 그는 이미 80년대에 “여성의 시대가 온다는 것을 감지”하였기에 “전문 직업성을 많이 강조하고, 전공과 실제 직업을 연결시키는 교육을 해야 한다”고 늘 주장해왔다.

만 6년간의 그의 총장 재임 시절 업적은 이처럼 외관상으로도 무척 화려하다. 그러나 보다 내면적으로는 예리한 통찰력을 가지고 21세기를 문명사적 전환기, 인류 사회의 총체적 대전환기, 치열한 경쟁 시대, 여성 시대의 도래로 내다보면서 21세기를 향해 이화의 좌표를 세우고 계획, 준비 작업을 시작했다는 데 큰 의미가 있다. 그는 새로운 이화인상의 정립과 역할을 모색하고, 이를 현실적으로 뒷받침하기 위한 실질적 지원을 병행함으로써 큰 성과를 거두었다.

이화 역사상 처음으로 전체 교수의 직접선거에 의해 제10대 총장이 된 윤총장은 8월 7일 취임사에서 21세기 인류 사회의 특징을 세계화 · 정보화 · 과학화로 규정하고 이화 교육의 좌표를 세계화 · 정보화 · 과학화 · 복지화로 설정했다. 이에 따라 네 가지로 이화인상을 제시했다. 즉, 실력과 덕성을 겸비한 재승후덕한 여성, 완전한 여성 혹은 통합 여성, 국제화 시대에 적응하는 창조적 · 전문적 여성, 사회와 민족의 갈등을 치유하는 민족과 역사의 어머니가 바로 그것이다. 이를 위해 시대가 요구하는 사회 각 방면의 전문 인력 양산, 여성의 인간화와 능력의 자유로운 발현을 위해 사회구조를 개혁할 수 있는 지도자 배출, 학사 사무 행정 등이 보다 합리적이고 효율적으로 이루어질 수 있기 위한 제도적 장치 마련, 교내 시설 확충 등 여섯 가지를 실천적 과제로 정했다.

그는 우선 중진 교수들로 이화발전기획위원회를 구성해 이화의 청사진 마련에 착수했는데, 이후 10개년발전위원회 · 이화21세기발전위원회 등을 구성해 후속 작업을 지속시킬 수 있는 시스템을 만들었다. 이중 절정은 1994년 5월 28일 창립

이화창립 108주년 기념식에서 '이화21세기 발전계획' '100대 과제' 선포(위, 1994) | '이화21세기 재도약 선언 대축연' 행사장을 가득 메운 이화인과 사회 각계 인사들(아래, 1994)

108주년 기념식장에서 행한 이화 21세기를 향한 재도약 선언. 이때 이화21세기 발전계획, 100대 과제, 국가적 민족적 대학에서 세계적 명문대학으로의 도약 선포 등이 이루어졌다.

그의 총장 재임 시절 구체적으로 결실을 거둔 것들로는 『이화 100년사』 출간, 대학원 여성학과 박사학위 과정 신설, 아시아여성학센터 · 여성신학연구소 · 인간생활환경연구소 · 의과학연구소 · 국제통상협력연구소 · 정보과학대학원 · 사회복지대학원 등의 설립, 국제교육원 대폭 확대, 전문 직업인 양성을 위한 이화인증원 개원 등 다양한 분야에 두루 걸쳐 있다.

그는 특히 교수 역량 확대에 주력해 1991년부터 1996년 사이에 신임 교수 320명을 처음으로 공채를 통해 선발했다. 교수 공채는 전체 합의를 전제로 엄정하고 세밀하게 이루어져서 당시 "윤총장은 교수 채용에 고등학교 성적까지 본다"는 소문이 날 정도였다. 그가 총장 임기를 끝낸 1996년 말엔 전임 교수가 649명에 이르러 당시 법적 정원 95%(의료원 임상교수를 포함하면 99%)를 확보했다. 이에 따라 학생 대 교수의 비율이 24:1로 향상됐다. 이에 앞서 1994년엔 국내 대학 최초로 교수강의평가제를 실시해 참신한 반향을 일으켰다.

한편으론 교수 재충전을 위해 7년 이상 근속한 교수들을 대상으로 자유로운 연구년을 확보해 연구에 전념할 수 있도록 교수연구년제를 실시했고, 20년 이상 근속 대상자 중 탁월한 학문적 공헌을 남긴 교수가 정년퇴직할 경우 명예교수로 추대하는 제도를 마련했다. 또 1991년 5월 모스크바대의 UN 마주르 교수와 서울대 이인호 교수를 초빙해 석좌 강좌를 개설한 것을 시작으로 국내외 석학들을 초빙해 강좌를 여는 석좌교수제를 마련했다. 우수 교원 확보에 대한 총장으로서의 그의 욕심은 1995년 대교협의 최우수 평가란 결과를 낳는 데 크게 기여했다.

우수 교원 확보 못지않게 중요한 우수 학생 유치를 위해서도 전력을 다했는데, 그 배경엔 1980년대 이후 여학생들의 남녀 공학 선호에 따른 위기의식이 크게 작용했다. 이화는 1994년 입시에서 미달 사태를 맞았는데, 이를 계기로 우수 학생을 유치하기 위한 홍보처와 입학처를 신설했다. 이를 통

전국대학종합평가 현지 실사단에게 이화여대 현황과 여성 교육의 중요성을 역설하고 있는 윤명예총장(위, 1995) | 여성 교육기관으로선 세계 최초로 공대를 설립하도록 이화여대에 100억 원을 쾌척한 현대그룹 정주영 회장과 함께(아래, 1996)

해 『이화소식』 · 『입학특보』 등이 만들어졌고, 입학처에선 대학 최초로 지방에까지 내려가 본고사, 모의고사를 두 차례 실시하고 입시 성적 평균을 공개하는 특단의 조치를 단행했다. 효과는 즉시 나타나 1995년부터 우수 학생의 입학이 눈에 띄게 늘어나 입학 커트라인이 상당히 높아졌고, 1996년엔 전국 여자 인문계 수석이 이화여대에 입학했다.

그의 업적 중 이화 캠퍼스의 지도를 크게 바꾸어 놓은 것 역시 빼놓을 수 없다. 인문대 교수연구관, 목동병원 및 의학연구소, 약대 신관, 의대 부설 수동면 지역사회 보건관, 아산공학관 등 숱한 건물들이 차례로 준공됐고, 자연사박물관 · 이화삼성교육문화관 · 학생문화관 · 이화-한국통신교육관(이화-SK텔레콤관) · 한우리기숙사와 국제관 등이 기공됐다. 체육관 등 증축 · 보수를 거친 건물들과 함께 포스코관 · 대학교회 등 신축 계획이 발표된 건물들 역시 많았다. 이에 앞서 그는 취임 직후 이처럼 학교 건물들이 크게 늘어날 것을 대비해 당시 8억 원 정도를 들여 학교 내 변전기를 전면 교체했다. 모두 정보화와 세계화를 염두에 둔 조치였다. 1994년엔 교육 사무 행정, 연구의 전산화를 위해 종합전산망을 구축했는데, 이는 국내 대학 사상 첫 시도였다.

그는 이 많은 교육 내용, 시설 등을 추진하고 개혁하려면 현실화하는 데 있어 절대적으로 필요한 재원 마련을 위해 모금 캠페인을 펼쳤다. 당시 대학 사회에서 기업 등 대 사회를 향해 이처럼 공개적이고 대대적인 모금 캠페인을 전개하기는 거의 처음이어서 참신하다는 반향을 일으켰다. 이화의 모금 캠페인에 기업과 동문을 중심으로 호응이 이어지는 가운데 그는 2년 만에 730여억 원의 기금을 조성할 수 있었고, 이는 향후 이화의 21세기 준비에 중요한 재정적 기반이 되었다.

그가 총장 임기를 마친 1996년, 이화는 신촌 캠퍼스로 이사한 지 60여 년 만에 4동 건물 350명의 재학생 규모에서 약 60개 동의 건물, 2만여 명의 재학생 규모로 비약적인 발전을 했다. 그가 한 인터뷰에서 밝힌 대로 "발전 계획을 세울 때 시간이 오래 걸리는 일부터 먼저 시작하고, 재원이 있으면 아무 때나 할 수 있는 일, 단시일에 할 수 있는 일은 뒤에 진행하는 식"의 그의 방식은 실질적으로 상당한 결실을 거두었다. 그

결과 그는 총장으로서 이화를 세계적 명문 대학으로 도약시키고, 이화 21세기 비전을 세우는 등 한 차원 높은 단계로 웅비케 한 이념적, 물질적 기반을 구축함으로써 여성 교육의 또 하나의 새로운 이정표를 세웠다는 평가를 받았다.

총장 임기가 끝날 무렵 많은 교수들이 그의 총장 연임을 원하고 또 권유했다. 그러나 그는 자신의 나이가 64세이고 65세는 정년퇴임이라는 사실을 들어 "우리 학교 관행상 역대 총장이 교수직을 같이 보유하며 65세 이상을 넘겨 학교에 있었던 적은 없다. 내가 그런 새로운 선례를 남길 수 없다"는 원칙론으로써 교수들의 염원을 단호히 거절했다. 그의 고사에 따라 교수들은 그를 명예총장으로 추대할 것을 건의했고, 당시 정의숙 이사장은 재단이사회의 만장일치 의결을 거쳐 총장 이임식에서 그에게 명예총장 추대장을 수여했다.

"나는 정말로 이화를 소중히 생각해 왔고, 나아가 끊임없이 한국 여성의 미래에 대해 고민해 왔다. 그리고, 그것이 마침내는 민족 사랑으로 이어진다고 생각했다. 이것이 바로 평생의 보람이었다."

† 참고 자료

1. 『이화와 더불어 한국 여성을 바꾸어온 오십 년』(이화여자대학교출판부, 2001)

2. 『이화 110년사 : 어제와 오늘』(이화여자대학교출판부, 2007)

윤후정 총장 재임중 신·증축 건물

■ 신축 건물
■ 증축 건물

1. 법정대학관
2. 중앙도서관
3. 신음악관
4. 도예관
5. 미술관
6. 자연사박물관
7. 체육관
8. 신체육관 증축
9. 헬렌관
10. 본관
11. 종합과학관
12. 종합과학관 증축
13. 신약학관
14. 대학원관
15. 대강당
16. 부속 유치원
17. 백주년기념 박물관
18. 동창회관
19. 교육문화관
20. SK 텔레콤관
21. 학생문화관
22. 학관
23. 인문관
24. 사범대학
25. 금란여중고
26. 공학관
27. 행정동
28. 한우리집
29. 종합사회복지관
30. 국제관
31. 대학교회
32. 목동병원
33. 의과대학 연구동
34. 의과대학 부설 수동면 지역 사회 보건관

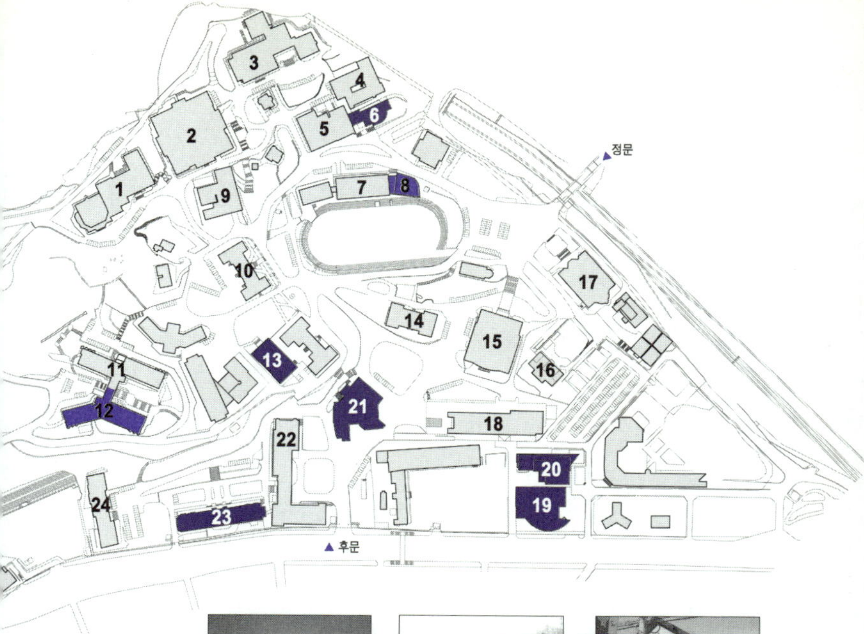

32 목동병원

33 의과대학 연구동

34 의과대학 부설 수동면 지역 사회 보건관

윤후정이 걸어온 길

1932년 5월 7일 함경남도 안변군 신고산면 세포리 224번지에서 윤태현 · 조사라 씨의 3남3녀 중 3녀로 출생. 1976년 11월 4일 개명, 순덕順德을 후정厚淨으로.

학 력

1951. 9 – 1955. 2	이화여자대학교 법학과 법학사
1955. 4 – 1957. 2	이화여자대학교 대학원 법학과 법학석사
1962. 2 – 1963. 6	University of Louisville(정치학 석사과정 수학)
1963. 9 – 1964. 12	Yale Law School(법학 석사과정 수학)
1968. 9 – 1972. 6	Northwestern University, The School of Law 법학박사(S.J.D)
1977. 9 – 1978. 8	Cornell 법과대학 객원교수
1978. 9 – 1979. 5	Harvard 법과대학 객원교수
2005. 9. 23	서강대학교 명예문학박사

법학사

법학석사

경 력

1958. 4 – 1997. 8	이화여자대학교 교수
1979. 6 – 1985. 8	이화여자대학교 법정대학 학장
1989. 9 – 1990. 8	이화여자대학교 대학원장
1990. 9 – 1996. 8	이화여자대학교 총장
1996. 9 – 현재	이화여자대학교 명예총장
1997. 9 – 현재	이화여자대학교 명예교수
1998. 3 – 1999. 3	대통령직속 여성특별위원회 초대 위원장(장관급)
2000. 9 – 현재	학교법인 이화학당 이사장

학교법인 이화학당 이사장

사회 활동

1960. 5	3차 개원 공청회 공술인
1972	3급 국가공무원 시험위원(1, 2차)
1973 – 1975	이화여자대학교 대학원 동창회장
1973 – 1975. 11	한국가정법률상담소 상담위원
1974 – 1978	한국법학원 상무이사
1975 – 1985	한국공법학회 이사
1976 – 1977	여성사회연구회 회장
1976 – 1987	대한 Y.W.C.A 실행위원
1977	노동청 제1회 별정직공무원 출제위원
1977. 5. 5 – 5. 11	일본 한일 Y.W.C.A.협의회 한국대표
1979. 9 – 1982. 8	대한 Y.W.C.A. 헌장개정위원회 위원장
1980	국회헌법개정심의 특별위원회 주최, 헌법개정공청회 공술인
1981 – 1983	법무부 정책자문위원회 위원
1981	사법시험 출제위원(제1차)
	행정고등고시 출제위원(제2차)
1982	영국 세계 Y.W.C.A협의회 한국대표 사법시험 및 고등고시 출제위원(제2차)
1984. 10 – 1986. 9	한국여성학회 초대회장
1985 – 1989	이화여자대학교 동창회 부회장
1985 – 현재	한국가정법률상담소 이사
1985 – 1987	한국공법학회 상임이사
1986	IBC(International Biographical Center), The International Register of Profiles에 선정

1987 – 1989	한국공법학회 상임집행이사
1987 – 1990. 2	한국법학교수회 이사
1987	국제여성대회 초청 참여
1988. 3 – 1990	외무부 정책자문위원회 위원
1989 – 1992	한국공법학회 감사
1990. 2 – 1993	한국법학교수회 상임이사
1990. 10 – 1996. 8	재단법인 성곡학술문화재단 이사
1990. 12 – 2001. 3	헌법재판소 자문위원
1991. 2 – 1993. 2	대학교육심의회 의원
1991. 10	윤봉길 의사 의거 제60주년 기념사업추진위원회 지도위원
1992. 4 – 1994. 3	대학교육협의회 이사
1992 – 1996. 6	한국공법학회 명예상임이사
1993. 6 – 현재	한국법학교수회 고문
1993. 6	공동체의식개혁 국민운동협의회 공동의장
1993. 7 – 1997. 7	민주평화통일자문회의 위원
1993. 9 – 1997. 6	민주평화통일자문회의 서대문구협의회 고문
1993. 11 – 1994. 2	대법원 사법제도발전위원회 위원 및 부위원장
1994. 3 – 1995. 2	한국사립대학총학장협의회 부회장
1995. 6 – 현재	사단법인 한국대학총장협회 이사
1995. 10	제4회 KBS 해외동포상 심사위원
1996. 3 – 현재	지방자치제도발전위원회 위원
1996. 7 – 1997. 7	한국공법학회 부회장
1998. 1 – 1998. 3	한국여성학회 발전위원회(특별위원회) 위원장
1998. 10 – 1999. 2	제2건국 범국민추진위원회 위원
1999. 12 – 2003. 1	한국여성기금추진위원회 수석위원장

1998. 3. 2 – 3. 15	Head of Delegation of the Republic of Korea to the 42nd Session of the Commission on the Status of Women (UN여성지위위원회 제42차 총회 한국정부 수석대표, 기조연설 등)
1998. 7. 4 – 7. 9	Head of Delegation of the ROK to the 19th Session of the CEDAW (UN여성차별철폐협약위원회 제19차 총회 한국정부 수석대표, 기조연설 등)
1998. 10. 14 – 10. 17	Head of Delegation of the Republic of Korea to the APEC Ministerial Meeting on Women (APEC 여성장관회의 한국정부 수석대표, 기조연설 등)
1999. 8 – 현재	한국비서협회 고문
2001. 5 – 2004. 12	한국여성재단 이사
2001. 9 – 현재	한국여성단체협의회, 2002 여성정치지도위원회 위원
2003. 2 – 2004. 12	한국가정법률상담소 이사장
2003. 11 – 2004. 6	맑은정치여성네트워크 발족 공동제안, 102인 여성후보 추천위원 및 기금운동본부 공동위원장
2007. 5 – 현재	(사)여해 강원용 목사 기념사업회 이사

상 훈

1996. 10	한국가정법률상담소 공로패
1997. 8	정부포상 국민훈장 무궁화장
1998. 5	이화여자대학교 공헌패
1999. 9	한국여성단체협의회 '올해의 여성상' 수상
2001. 5	이화여자대학교 법과대학 창립 50주년 기념 공로패 및 '자랑스러운 이화법대인 상'
2002	ABI(American Biographical Institute, Inc.), 'International Peace Prize of the United Cultural Convention' 수상
2007. 10	ABI, 'American Hall of Fame' 수상 *ABI, 'American Hall of Fame'은 윤후정 명예총장이 가장 최근 받은 상으로, 수여기관 ABI(1967년 설립된 미국 인명정보기관)는 마르퀴즈 후즈후, 영국 케임브리지 국제인명센터와 함께 세계 3대 인명사전으로 손꼽힌다. ABI가 밝힌 윤명예총장의 선정 이유는 "여러 분야에 걸친 헌신적 활동과 뛰어난 업적이 다음 세대의 모범이 됐다"는 것이다. 윤명예총장은 이미 1999년 Encyclopedia Britannica 세계연감에 '화제의 인물'로 수록된 것을 비롯, 2002년 MARQUIS 'Who's Who in the World 19th ed.'에 선정됐고, 이어서 2007년 'Asia-Pacific 'Who's Who Vol. VII'에 선정되는 등 세계적인 여성리더로 인정받은 바 있다.
2008. 9	제4회 영산법률문화상 수상

기 타

1999	Encyclopedia Britannica 1999년 세계연감 '화제의 인물'로 수록. 엔사이클로피디어 브리태니카는 법학 · 여성학 연구를 토대로 한국 여성의 인권과 권익 증진에 기여한 공로에 대해 1999년 '세계연감'에서 "20세기 여성계의 가장 이상적 인물"이라고 그를 규정했다. 아울러 "20세기 한국 여성운동의 역사에서 윤후정은 그 누구보다 공로가 큰 여성계 지도자로 기억될 것"이라고 평가했다.
1999. 9	신주부캠페인추진본부 '함께하고 싶은 여성 100인'에 선정
2000. 5	IBC(International Biographical Center), '2000 Outstanding Intellectuals of the 20th Century' 인증서(교육, 법, 여권 운동 분야) 수여
2001. 10 . 28	KBS I 「대화 21세기」, '한국 여성의 미래'(한국 여성의 어제와 내일, 60분간) 방송
2001. 12	레베카, '한국 최초의 여성들'에 선정
2002	MARQUIS, 'Who's Who in the World 19th ed.'에 선정
2007	'Asia-Pacific 'Who's Who Vol. VII'에 선정
2008. 8	여성부, 「여성 60년사 그 삶의 발자취」전에서 '길을 만들다-최초의 여성들'에 선정

대한민국 최초의 여성 헌법학자
윤후정

펴낸날 | 1판 1쇄 2008년 5월 28일
2쇄 2008년 11월 5일
엮은이 | 여성신문
펴낸이 | 최민숙
펴낸곳 | 이화여자대학교출판부
등록 | 1954년 7월 6일 제9-61호
주소 | 서울특별시 서대문구 대현동 11-1(120-750)
전화 | 편집팀 02-3277-2965, 2966
업무팀 02-3277-3164, 02-362-6076
팩스 | 02-312-4312
전자우편 | press@ewha.ac.kr
인터넷서점 | www.ewhapress.com
디자인 | 파피루스
찍은곳 | (주)영림인쇄

ISBN 978-89-7300-790-5 03990
값 13,000원